10대를 몰입시키는

뇌기반
수업원리 10

10대를 몰입시키는

뇌기반
수업원리 10

배리 코빈 지음 | **이찬승 · 김은영** 옮김

교육을바꾸는사람들

이 책이 나오게 된 것은 나의 동료인 교육컨설턴트 수잔 레벨(Susan Lebel)과 1999년 미국 애리조나 주 피닉스 시에서 열린 전국학교컨퍼런스연구(National School Conference Institute) 학회에 참석한 것이 계기가 되었다. 당시 학회주제는 '평가와 교수법: 뇌연구, 다중지능, 학습유형, 심리유형(Assessment and Instruction: Infusing Brain Research, Multi-Intelligences, Learning Styles, and Mind Styles)'이었으며, 제프리 케인(Geoffrey Caine)과 르네트 케인(Renate Caine), 로버트 실베스터(Robert Sylwester), 데이비드 수자(David Sousa), 수잔 코발리크(Susan Kovalik) 등 뇌과학 연구결과를 교육에 적용하기 위해 노력해온 저명한 교육학자들이 초빙되어 유용한 정보가 정말 많았다. 이 학회를 계기로 우리는 새로운 세계에 눈을 뜨게 되었고, 학회에서 배운 내용을 당시 우리가 담당하고 있던 교직연수워크숍에 적용하여 45개 학교 1,200여 명의 교사를 대상으로 시행해보기로 마음먹었다. 이후에도 여러 학회에 참석하면서 에릭 젠슨(Eric Jensen), 패트리샤 울프(Patricia Wolfe), 마사 카우펠트(Martha Kaufeldt) 등 뇌기반교육 전문가들의 중요한 연구를 접하게 되는 엄청난 행운을 누렸다. 그 이후로 나는 교직연수워크숍에서 강연을 할 때나 연수프로그램을 계획할 때 뇌기반교육을 핵심 주제로 다뤘을 뿐만 아니라, 뇌기반교육을 내 교육자 인생을 통틀어 중요하게 연구해야 할 주제로 여기게 되었다.

예전에 캐나다 애나폴리스 지방교육청에서 근무할 당시, 임기 말 몇 년 동안 학업부진 고등학생들을 위한 대안교육프로그램과 학업향상프로그램을 연구하고 개발하는 일을 담당했었다. 그 일을 하면서 지난 20여 년의 중고등학교 교직생활을 떠올려보니, 그동안 십대들을 가르쳐왔던 전통적인 교육방식에 대해 심각한 고민과 회의가 들었다. 또 학업이 우수한 학생들뿐만 아니라 학업위기에 처해 있거나 학업이 부진한 학생들과 대화를 나누면서, 현재의 수업방식과 교수법에 잘못된 부분이 많고, 교육의 목표가 잘못 설정돼 있으며 효과적이지 않다는 사실을 깨닫게 되었다. 그래서 십대들과 그들의 사고방식에 대해 오해하고 있는 것이 있는지 살펴봐야겠다는 생각이 들었고, 더 나은 교육방법을 찾기 위해 뇌과학에서 밝혀낸 연구결과에 주목할 필요가 있다고 생각했다. 실제로 지난 10여 년간의 뇌과학 연구들은 십대의 뇌에 중요한 변화가 일어나고 있으며, 그러한 변화를 효과적으로 다룰 수 있는 좋은 방법이 있다는 사실을 분명히 보여주었다. 이 책은 바로 그 점에 주목하고 있다.

먼저 이 여정의 대부분을 함께 해준 나의 동료이자 친구인 수잔, 그리고 우리의 프로젝트에 귀중한 의견을 더해주고 격려해준 애나폴리스 지방교육청의 자문위원 모두에게 감사드린다. 또한 내 수업을 들으면서 어떤 방법이 효과가 있고, 어떤 방법이 효과가 없는지를 알려준 여러 학생에게도 각별한 감사의 말을 전한다. 특히, 대안교육프로그램 자문위원으로 일할 당시 만났던 학생들에게 감사하다는 말을 꼭 하고 싶다. 그들은 일반 고등학교의 교육방식에서 무엇이 문제인지 매우 솔직하게 말해주었다. 또한 내 워크숍에 참석해서 진솔하게 조언해주고, 도움이 되는 피드백을 해준 교사들에게도 감사의 뜻을 전한다. 이 책을 쓴다고 했을 때 옆에서 지지해주고 격려해준 뇌기반교육 전문가 에릭 젠슨과 두뇌개발 학습교구를 연구하는 브레인스토어 출판사 관계자분들, 그리고 이 책을 만드는 것을 도와준 출판사 편집팀 직원들에게 감사드리며, 특히 젬 라바네라에게 진심으로 감사의 뜻을 전하고 싶다. 끝으로 나를 항상 믿어주고 내가 결심한 것이라면 무엇이든 해낼 수 있다고 신뢰해준, 나의 가장 좋은 친구이자 아내인 앤에게 온 마음을 담아 감사의 말을 전한다.

청소년 뇌 이해하기

청소년기는 모두에게 당혹스러운 시기이다.
청소년을 가르치는 교사나 이들을 키우는 부모들은 도저히 이해할 수 없는
행동을 하는 십대들 앞에서 당혹감과 열패감을 하루에도 수없이 맛본다.
"노내체 새는 무슨 생각으로 저러는 길까? 아니 도대체 무슨 생각이 있긴 한 걸끼?"하고
가슴을 치는 학부모와 교사들 못지않게 청소년기는 청소년 자신에게도 매우 당혹스러운 시기이다.
최근 뇌과학의 발전으로 청소년기의 비밀이 하나씩 풀리고 있다.
1부에서는 청소년을 키우는 부모나 그들을 가르치는 교사들의 관점에 맞추어
뇌과학이 발견한 내용, 청소년기의 행동 특징, 그리고 청소년기의 뇌 발달과정을 다룬다.

1장

도무지 이해할 수 없는 십대

십대, 어떻게 이해하고 가르칠 것인가?

이 책은 십대와 함께 살거나 더불어 일을 하거나, 혹은 그들을 가르치는 등 어떻게든 십대와 관계를 맺고 있는 사람들을 위해 쓰였다. 이 책에 나온 내용은 대부분 중고등학교에서 가르치는 교육자들을 대상으로 하고 있지만, 십대를 자녀로 둔 부모들이라면 이 내용에 충분히 공감하고 여러모로 도움을 받을 수 있을 것이다. 만약 당신이 중고등학교 교사이거나 십대 자녀를 둔 부모라면, 도무지 이해할 수 없는 행동만 하고, 늘 좌절감을 안겨주며, 때로는 괴상망측하기까지 한 '십대'라 불리는 아이들에 대해 이미 잘 알고 있을것이다. 예전엔 착하고 얌전하며 단정했던 여학생이 지금은 머리를 노랗게 물들이고 시키면 옷만 입고 다니면서 험한 말을 입에 담는가 하면, 어떤 남학생은 교실 맨 뒤에 앉아 꾸벅꾸벅 졸다가 교사가 주의를 주면 어디 한번 건드려보라는 식으로 대들기도 한다. 어느 여학생은 감정 기복이 심해 하루에도 몇 번씩 기분이 좋았다 나빴다 하고, 평소에 바른 생활을 하는 아이라고 생각했던 학생이 주말에 음주운전으로 체포되었다는 소식을 듣게 되기도 하며, 초등학생 때는 반에서 1등을 하던 남학생이 지금은 어찌된 일인지 수업진도나 겨우 따라가는 수준으로 성적이 떨어진 경우도 있다. 이처럼 학교생활이나 수업내용에는 별 관심이 없어 보이는 독특한 개성의 아이들이 바로 십대들이다.

십대는 참으로 불가사의하다. 우리는 십대 아이들이 무슨 생각을 하는지, 아니 도대체 생각을 하긴 하는지 종잡을 수가 없다. 하지만 신기하게도 청소년기를 벗어나 열여덟 살이나 열아홉 살이 되면, 아이들은 마치 기적이라도 일어난 듯 갑자기 분별 있는 의사결정을 하고, 통찰력을 보이며 주변 사람들을 배려하기 시작한다. 청소년기는 부모와 교사, 그리고 누구보다 청소년 자신에게 매우 혼란스러운 시기임에 틀림없다. 당신은 그런 십대들을 지켜보면서 그들의 뇌에서는 분명 뭔가 설명할 수 없는 이상한 일들이 벌어지고 있다고 생각했을 것이다. 사실이다. 하지만 이런 사실을 안다고 해서, 이렇게 예측 불가능한 십대들에게 잠재되어 있는 뇌의 엄청난 능력을 일깨우는 데 도움이 될까?

십대에 대한 새로운 접근법

1990년대까지만 해도 심리학자와 교육학자, 심지어 신경과학자까지 대부분의 전문가들은 뇌의 성장과 발달이 다섯 살이나 여섯 살 때 멈추며, 십대의 뇌는 성인의 뇌와 거의 똑같아서 십대는 성인처럼 생각하고 행동할 수 있다고 보았다. 십대가 보이는 변덕스럽고 비이성적인 행동들을 단지 호르몬의 변화 때문이라고 본 것이다. 하지만 최근 신경과학 연구결과에 따르면, 십대의 뇌는 청소년기를 거치는 동안 엄청난 변화를 겪으며, 이 시기야말로 뇌 발달에 있어 가장 중요한 시기라고 한다. 이렇게 역동적으로 변하는 십대의 뇌 속에 감춰진 성장 잠재력을 최대한으로 끌어낼 수 있도록 십대들을 효과적으로 기르칠 방법을 찾아내는 일이 점점 중요해질 것으로 보인다.

청소년기는 뇌 발달에 정말 중요한 시기다!

안타깝게도 중고등학교 교사들 중에는 뇌과학과 인지신경과학 분야의 연구성과와 십대의 뇌 발달에 대해 알고 있는 사람이 그리 많지 않다. 설사 안다고 해도 이러한 연구성과가 그들의 수업에 어떤 영향을 줄 수 있을지를 모르는 경우가 많다. 어쩌면 그들은 교수학습 과정에 대해 뇌과학에서 밝혀낸 이 중요한 정보를 효과적인 수업전략으로 전환하는 방법을 모르는 것일 수도 있다.

아주 잘 가르치는 교사들조차도 대개는 자신이 사용하는 효과적인 수업전략과 학습활동이 어떤 이유로 성과를 거둔 것인지 인지심리학이나 신경과학 측면에서 그 상관관계를 제대로 이해하지 못한다. 무엇보다 우려되는 것은 많은 교사와 학교가 오늘날 우리가 알고 있는 뇌의 학습방식과 전혀 맞지 않는 교육방법론을 계속 적용하고 있다는 사실이다. 그리고 안타깝게도 그러한 교수법은 대부분의 학생들에게 그다지 효과적이지 않다. 교사들은 대개 자신에게 편하거나 과거에 효과적이었던 방법론을 고수한다. 그들은 대부분 교수학습법에 관한 새로운 개념이나 이론을 잘 모른다고 인정하면서도, 그것들을 일시적인 유행이라거나 신뢰성이 떨어진다며 폄하해버리곤 한다. 학생들의 성적을 올려야 한다는 부담감과 교사와 학교의 책무성에 대한 요구가 갈수록 높아지고 있는 상황에서, 교사와 학교는 새로운 접근법이나 교수법을 시도하다 그동안의 성과마저 그르치지는 않을까 우려하기도 한다. 또한 정치인들과 수많은 '교육전문가'들은 그들이 주장하는 내용과 상반된 증거가 드러났음에도 불구하고, 여전히 학생들을 '치유'할 수 있다고 믿으면서 교사들에게 전통적인 교육방식대로 가르치라고 말한다.

지금 우리에게는 교수학습법에 대해 좀 더 과학적으로 접근하려는 자세가 필요하다. 이러한 접근을 통해 교사들은 뇌에 관한 수많은 연구의 중요성을 인식하고,

뇌 자체와 뇌의 학습방식에 대해 깊이 이해해야 수업방향을 바르게 이끌 수 있다는 사실도 깨닫게 될 것이다.

지난 20년간 뇌과학과 인지과학은 크게 발전해왔다. 특히 지난 몇 년간 우리는 십대의 뇌에 대해 더 깊이 이해하게 되었다. 청소년의 뇌에 대한 새로운 연구결과가 밝혀지면서, 십대의 뇌와 이들의 학습역량에 대해 심리학자들과 신경과학자들이 내세운 견해 중 상당수가 그 기반이 흔들리거나 뒤집어지고 있으며, 뇌의 학습방식에 맞는 교수전략과 교육법을 찾아 시행하는 교육자들이 늘어나면서 교수학습의 효율이 좋아지고 있다. 하지만 아직도 대부분의 중고등학교 교사들은 이런 교수법이 소개되기 전에 교직훈련을 받았고, 이런 흥미로운 교수법에 대해 연구하고 배울 기회가 거의 없었기 때문에, 전통적인 교수법대로만 가르치면서 그것이 가져오는 결과에 계속 절망하게 된다. 한 연구에 따르면, 고등학교와 사실상 거의 대부분의 중학교가 변화에 대한 저항이 심해서, 교사와 학교 측에 새로운 교수법을 시도하도록 설득하는 것이 쉽지 않다고 한다(Daniels, Bizar & Zemelman, 2001).

뇌과학 연구가 발전하면 할수록 우리는 인간의 뇌에 대해 더 깊이 이해하게 될 것이다. 그에 따라 십대의 뇌와 학습과정에 대해서도 더 많이 알게 될 것이며, 이렇게 얻은 지식을 바탕으로 뇌과학 기반의 수업전략과 교수법을 고안할 수도 있을 것이다. 바로 이것이 이 책의 중심 주제이다. 즉, 이 책에서는 인간의 뇌—특히 십대의 뇌—와 학습에 대해 지금까지 연구된 바를 개괄적으로 살펴보고, 현장 교사들이 이러한 지식을 효과적인 뇌기반 교수학습법으로 만들어나갈 수 있는 방안을 제시하고자 한다. 이 책은 교사들이 교실에서 바로 적용할 수 있도록 실용적인 지침을 제공하고자 한다. 우선 현재 여러 분야에서 이루어지고 있는 뇌과학과 학습이론에 대한 연구를 간략히 살펴보고, 그다음 실용적이고 효과적인 뇌기반 교수전략을 실제 교실수업에 적용한 사례를 통해 학교현장에 적용할 수 있을지 알아보고자 한다.

십대의 뇌를 알아야 하는 이유

"(청소년 뇌를 연구하면서) 가장 놀라운 점은 그들의 뇌가 계속 변하고 있다는 사실입니다."

- 제이 기드(Jay Giedd),

〈Inside the Teenage Brain(십대의 뇌)〉, 2002

"뇌를 깊이 이해할수록 뇌가 가장 잘 배울 수 있는 효과적인 교수법을 만들 수 있습니다."

- 패트리샤 울프(Patricia Wolfe),

『Brain Matters: Translating Research Into Classroom Practice

(뇌가 중요하다: 뇌과학연구를 수업 현장으로)』, 2001

교사라면 누구나 보다 효과적인 교수법을 찾기를 바란다. 이것은 교사 스스로 자신의 수업방식과 교수전략, 교수기법은 물론 이런 교수방식의 근거가 되는 철학과 이론, 과학적 토대를 검토했을 때 가능하다. 교사들은 이러한 노력을 통해 학생들에게 효과적이라고 생각되는 방식을 선택하고 발전시킬 수 있다. 실제 가르치는 행위가 효과를 거두기 위해서는 효과적인 교수학습에 관한 충실한 연구를 바탕으로 가르쳐야 한다.

교사들은 누구나 아이들을 좀 더 효과적으로 가르칠 방법을 찾는다. 따라서 가르치는 내용이 영향을 주는 신체기관, 즉 뇌에 대해 알아야 하는 것은 너무나도 당연한 일이다. 어떤 면에서 보면, 교육이란 날마다 학생들의 뇌를 변화시키는 일이다. 십대를 가르치는 교사들이라면 이 사실을 꼭 명심해야 한다. 가령, 자동차

수리공이 자동차의 작동원리를 알아야 하고, 컴퓨터 전문가가 컴퓨터의 작동원리를 이해해야 하듯이, 교사가 뇌의 구조와 발달과정, 작동방식, 학습방식에 대해 알고 있어야 좀 더 효과적인 수업을 할 수 있다. 교사가 이러한 지식을 갖추고 있을 때 뇌의 실제 학습방식과 가장 일치하는 방향으로 수업을 구성하고 교수법을 활용할 수 있기 때문이다. 즉, 교사들은 뇌의 학습방식에 대한 새로운 정보와 지식을 이용함으로써, 교사와 학생 모두에게 효과적이고 능률적이며 즐거운 수업전략과 학습활동을 개발할 수 있을 것이다. 이것이 바로 뇌기반교육의 핵심이다.

"학교가 배움이 일어나는 곳이라면, 당연히 학교에서 학생들의 뇌가 건강하게 발달할 수 있도록 노력해야 하지 않을까요? 교육이 실패하는 이유는 학교 여건이 형편없거나, 학생이나 교사의 자질이 부족하기 때문만은 아닙니다. 그보다는 오히려 학교가 뇌의 기본적인 작동원리에 어긋나게 운영되고 있기 때문입니다."

- 에릭 젠슨(Eric Jensen),
『Learning Smarter: The New Science of Teaching(똑똑하게 배우기: 새로운 교수 과학)』, 2000

가르치는 일이란 날마다 새로운 어려움에 직면하고 이를 해결해야 하는 매우 힘든 일이다. 그렇기 때문에 교사라면 누구나 교사 자신과 학생 모두에게 좀 더 효과적이고 능률적이며 보람 있는 수업을 만들려고 노력한다. 하지만 교사의 능력이 아무리 뛰어나다고 하더라도, 교사가 가르치는 방식과 학생이 실제로 배우는 방식이 서로 맞지 않는 부분이 상당히 많을 수 있다. 뇌기반교육은 교사들이 이런 교수학습의 불일치들 극복할 수 있도록, 교육이론과 교육 실제 사이의 간극을 메울 수 있는 방안을 제시한다. 교사가 뇌와 그 학습과정을 깊이 알아갈수록 학생들을 도울 수 있는 효과적인 방법을 더 많이 찾아낼 수 있을 것이다.

뇌친화적 교수법과 새로운 학습과학

뇌친화적 교수(Brain-compatible teaching)란 용어는 교육학자 레슬리 하트(Leslie Hart)의 기념비적인 저서 『Human Brain and Human Learning(인간의 뇌, 인간의 학습)』(1983, 1998)에서 처음 나온 것으로 보인다. 이 책에서 그는 교수·학습이 '뇌를 기반으로' 이루어져야 하고, '뇌의 특성'에 맞도록 이루어져야 한다고 주장했다. 이후 이와 같은 뇌친화적 교수이론의 개념을 다른 저자들이 차용해 그 의미를 확장하기 시작했다. [표 1.1]은 그중 몇몇 저자들이 뇌기반교육에 대해 설명한 것을 요약한 것이다. 뇌연구를 교육에 적용하는 방법에 관해 폭넓게 저술해온 에릭 젠슨(Eric Jensen)은 교육자들이 이런 내용을 반드시 알아야 한다고 강력하게 주장한다. "뇌친화적 교수법은 교조적인 원리가 아니고, 그대로 가르치기만 하면 되는 처방전도 아니다. '뇌친화적'이라는 것은 뇌과학과 인지과학이 설명하는 뇌의 가장 효과적인 학습방식에 근거하여 학습에 대해 포괄적으로 접근하는 것이다. 물론, 우리가 알고 따라야 할 중요한 원리와 큰 개념들이 있기는 하지만, 뇌는 사

표 1.1 뇌친화적 교수법에 대한 4가지 정의

"뇌기반학습은 의미 있는 학습이 이루어지기 위한 뇌의 작동원리를 이해하고, 그 원리에 맞게 가르치는 것을 말한다." (Caine & Caine, 1994)

"뇌친화적 교수법이란 뇌가 작동하는 방식대로 자연스럽게 배울 수 있도록, 뇌의 기능을 가장 효과적으로 발휘하게 하는 교육환경을 만드는 것이다." (Kovalik, 1994)

"뇌친화적 교수·학습이란 뇌가 의미를 만들어 기억하는 방식과 비슷하거나, 뇌의 처리과정에 부합하는 방식으로 가르치는 것을 말한다." (Fogarty, 1997)

"뇌친화적 교수법은 뇌가 가장 효과적으로 학습하는 방식을 알아내기 위해 뇌과학, 인지과학, 교육학 등 여러 학문의 연구가 결합된 교수법이다." (Jensen, 1998a)

람마다 다르기 때문에 뇌가 가장 잘 학습할 수 있는 가장 좋은 방식은 바로 이것뿐이라고 말할 수는 없다"(1998a).

새로운 학습과학

경제협력개발기구(OECD)의 2004년 보고서에서 크리스토퍼 볼(Christopher Ball)은 「OECD Second High Forum on Brain Mechanism and Youth Learning(뇌의 작동원리 및 청소년 학습에 대한 제2차 고위급 OECD 포럼)」내용을 요약하면서, 새로운 '학습과학(science of learning)'이 만들어져야 한다고 말했다. 최근 신경과학 연구를 통해 뇌에 대해 많은 것들이 밝혀졌으며, 인지학습이론을 실제 교육현장에 적용하여 효과성을 검증한 교수전략에 대한 정보가 축적되고 있어, 이렇게 입증된 교수내용을 정확하게 반영할 수 있는 새로운 학습과학이 필요하다는 것이었다. 또한 그는 교육자와 인지과학자, 신경과학자들 간에 소통과 협력이 강화되고 학문의 경계를 넘나드는 접근이 이루어져야 한다고 주장한다. 이러한 다학제적인 접근이 이루어져야, 연구에서 밝혀낸 교수·학습 전략들이 실제 교육현장에서도 유용한지를 과학적으로 평가할 수 있으며, 효과적이라고 검증된 뇌친화적 교수전략들을 대중화할 수 있다고 말했다. 아울러 과학자들이 학습과 관련된 뇌의 원리를 교육계와 공유하도록 장려하고, 교사들에게는 '교사들 간에 서로의 지식을 공유하고 이 지식을 신경과학계와도 공유하도록' 권유해야 한다고 주장했다. 이런 식으로 상호협력을 구축해가다 보면, 신경과학계는 교사들이 실제 교육현장에서 유용하게 쓸 수 있는 범위 내에서 연구를 검증하려고 할 것이다. 그는 또한 '배우는 내용이 중요한 교과과정 중심의(curriculum-led) 학습체제에서 벗어나 가르치는 방법이 중요한 교수법 중심의(pedagogy-led) 학습제제로 이행해야' 한나고 역설하면서, 다음과 같이 말했다. "교과과정보다 교수법이 더 중요하다. 하지만 아직도 세계 곳곳에서는 교과과정 중심의 교육이 이루어지고 있다. 그렇게 해서는 뇌친화적인 교육서비스를 제공할 수 없다"(Ball, 2001).

새로운 교수법의 등장

뇌친화적 교수법과 새로운 학습과학은 사실상 동일한 것으로 볼 수 있다. 뇌가 가장 효과적으로 학습할 수 있는 방식으로 가르치기 위해서 교사들은 새롭게 부상하는 학습과학에 근거해 가르쳐야 한다. 즉, 신경과학, 인지과학, 교육심리학에서 비롯된 개념이나 이론, 과학적 원리를 이해하고 그러한 지식을 수업에 활용할 때, 뇌친화적 수업이 가장 효과적으로 이루어질 수 있다. [표 1.2]에서 보듯이 신경과학, 인지이론, 교육심리라는 세 가지 구성요소가 서로 겹치는 지점에서 뇌친화적 교수법이 만들어진다. 이 교수모델을 기반으로 할 때 교사는 교실 안의 다양한 유형의 학습자들이 학습기회를 충분히 누릴 수 있도록 자신이 현재 가르치는 방식과 교수전략을 다듬고 개선하게 될 것이다. 바로 이것이 교수법 중심의 학습체제이다.

이 책의 주요 목적은 이 새로운 교수법 모델을 개략적으로 소개하면서, 뇌(특히 청소년의 뇌)에 관한 연구가 학습이론 및 지능개념과 어떻게 통합되는지, 나아가 그 통합된 지식이 효과적인 교수전략과 어떻게 연관되어 있고 어떤 식으로 영향을 줄 수 있는지를 살펴보는데 있다. 교사들이 이 책을 읽고, 여러 교수상황에서 뇌친화적 수업전략을 성공적으로 적용한 사례들을 참고하여 각자의 수업에서 바로 활용할 수 있기를 기대한다.

표 1.2 새로운 교수법 모델

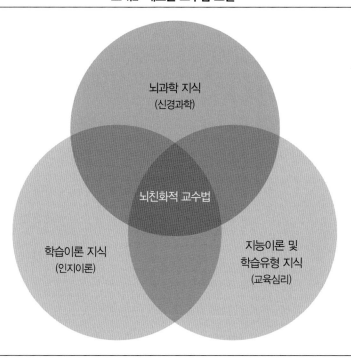

뇌과학 지식
(신경과학)

뇌친화적 교수법

학습이론 지식
(인지이론)

지능이론 및
학습유형 지식
(교육심리)

2장

십대의 뇌에 대한 연구

한눈에 살펴본 청소년기

"청소년기는 신체 내 호르몬이 급격하게 증가하고, 뇌의 기능이 발달하는 대단히 민감한 시기입니다. 특히 이 시기에는 사회적 기술을 빠르게 습득하여 사회성이 급격히 발달하며, 상대적으로 학교공부에 필요한 인지능력을 발달시키는 데는 조금 더딘 편입니다. 또한 아이들이 폭력적인 행동을 보이기 시작하는 때도 주로 이때입니다. 청소년의 인지능력이 어떻게 발달하는지에 대한 연구는 많지만, 뇌에 대해 알려주는 연구는 그리 많지 않습니다. 청소년기 뇌의 인지습득에 대한 연구가 필요합니다."

「OECD Full Report on Emotions and Learning and Education: Forum on Brain and Learning
(감정, 학습, 그리고 교육: 뇌와 학습에 관한 OECD 종합보고서)」, 2004

청소년기란 일반적으로 부모에 의존하던 아동기에서 독립적인 성인으로 이행하는 과도기를 일컫는다. 청소년기가 언제 시작해서 언제 끝나는지 그 경계가 뚜렷이 구분되지는 않지만, 대략적으로 11세에서 20세 사이를 말한다. 이 시기에 청소년들이 겪는 변화나 변화의 속도는 개인차가 심하다. 보통 여자아이들은 남자아이들보다 변화를 좀 더 일찍 겪는 편이다. 또한 청소년기는 상당히 긴 기간이라는 점을 고려하여, 아동기에서 성년기로 점차 성장해가는 동안 여러 발달단계로 세분된다는 점을 명심하는 게 현명하다. 일반적으로는 청소년기에 다음과 같은 변화를 보인다.

표 2.1 청소년기 주요 변화

급속한 신체 변화와 성장	• 신장과 체중이 눈에 띄게 증가한다. • 2차 성징이 발현되고 성인 체형으로 바뀐다. • 수면 및 식습관이 변하고 힘이 넘친다. • 급속한 성장으로 인해 한동안 서툴고 미숙한 행동을 보이기도 한다. • 뇌가 지속적으로 발달한다.
인지능력 발달	• 추론능력, 문제해결능력, 추상적 사고력이 발달한다. • 자신의 생각과 학습과정에 대해 반추하는 상위인지(metacognition) 능력이 발달한다. • 지적 관심영역이 넓어진다. • 자아성찰 의식이 발달한다.
성(性)적 변화	• 성 정체성을 확립하고, 성 역할을 인식하려는 욕구를 지닌다. • 성에 대한 관심과 이성교제에 대한 욕구가 증가한다. • 자신의 외모와 매력에 대해 고민한다. • 자위나 성관계를 시도한다.

사회성 및 정서 변화	• 자기중심적으로 생각하고 판단한다.
	  – 다른 사람들이 자신만을 주시하고, 자신의 생각과 행동에 대해 관심이 많을 것이라고 생각한다.
	• 또래와 늘 같이 있고 싶어 한다.
	  – 또래집단의 영향을 받아 어떤 선택을 하게 되거나, 또래 친구들과 어울리며 무언가에 흥미를 느낀다.
	• 어른의 지시나 조언에 대해 반항한다.

사회성 및 정서 변화	• 정체성, 자율성, 소속감을 얻고자 한다. 정체성을 확립하는 문제로 종종 힘들어한다.
	• 대개 자신은 절대 다치지 않을 것이라 믿으며, 위험을 감수하고 도전하려는 경향이 강하다.
	• 가치관, 도덕성, 양심이 발달한다.
	• 감정을 표현하고 효과적으로 의사를 전달하는 능력이 발달한다.
	• 변덕스럽고 감정기복이 심한 편이며, 특히 청소년기 초기에 심하다.
	• 자신이 맡은 일에 자부심을 느끼려고 하며, 일을 완수함으로써 자신의 가치를 확인하고 성취감을 얻으려고 한다.
	• 자립성, 독립성, 자존심을 스스로 조절하는 능력이 점차 발달한다.

위의 요약내용은 다음 웹사이트에서 입수한 정보를 편집한 것이다. 미국국립의학도서관 및 미국국립보건연구원 공동 웹사이트(www.nlm.nih.gov), 버지니아 주 농촌협동지도국(www.ext.vt.edu), 미국 아동청소년 정신의학회(www.aacp.org)

십대 뇌에 대한 기존의 지식

> **십대의 뇌와 그 작동방식에 대한 우리의 생각이 상당 부분 잘못되었다는 사실이 속속 밝혀지고 있다.**

지금에야 밝혀진 사실이지만, 1990년대 중반까지만 해도 신경과학자나 심리학자, 교사들은 십대의 뇌와 그 작동방식에 대해 정확히 이해하지 못했었다. 그 후 의료영상기술이 발전하면서 이제는 십대의 뇌에 대해 너무나도 놀랍고 획기적인 내용들이 밝혀지고 있다. 하지만 이런 사실들이 밝혀지기 전에는 십대의 뇌와 청소년의 행동에 대해 [표 2. 2]를 사실이라고 믿어왔다.

표 2.2 십대의 뇌에 대한 기존의 견해

뇌의 성장·발달은 대부분 태아일 때와 출산 직후 몇 년 안에 이루어진다. 5-6세가 되면 아이의 뇌는 이미 성인 뇌 크기의 95% 수준에 도달하기 때문에, 이 시기에 아이의 뇌 발달은 이미 상당 부분 완성되어 있으며, 나머지 성장·발달은 12세 정도에 완성된다. 12세 무렵이면 뇌의 크기가 완전히 성장하기 때문에, 심리학자들은 대부분 십대 아이들이 이 시기에 가장 높은 수준의 인지능력과 사고능력을 갖춘다고 생각했다. 십대와 성인의 뇌 크기가 사실상 같기 때문에, 십대들의 사고 수준이 성인과 동일하다고 본 것이다.

십대들이 자주 보이는 엉뚱하고 비합리적인 행동과 미숙한 의사결정은 또래압력(peer pressure)이나 사회적 영향, 혹은 사춘기 때 급격히 증가하는 호르몬 변화 탓이라고 생각했다. 십대가 부모나 다른 어른에게 제멋대로 성질을 부리고 반항하는 것은 자신의 정체성을 확립하고 독립성을 획득할 수 있는 범위가 어디까지인지를 확인하고 독립성을 확보하려는 노력이기 때문에, 이는 지극히 정상적이고 자연스러운 사회적 발달과정이다.

신경과학의 발달과 뇌연구

"영상기술이 발달하면서 뇌가 어떻게 기억이나 감정, 의사결정, 추론 같은 정신작용을 수행하는지에 대해 놀라운 사실을 알게 되었습니다."

— 대니얼 J. 시겔(Daniel J. Siegel),

⟨Inside the Teenage Brain(십대의 뇌)⟩, 2002

수십 년 전만 해도 신경과학자들은 작동 중인 뇌를 연구하려면 두개골을 열어야 하는 의료적인 위험이 높은 방법을 쓸 수밖에 없었다. 이런 방법으로는 두개골을 절개한 후에 보이는 뇌의 외부 표면만을 개략적으로 관찰할 수 있었으며, 뇌의 해부학적인 구조를 좀 더 상세히 들여다보려면 죽은 사람의 뇌를 해부해야 했다. 이러한 방법은 뇌의 세부 영역들이 어떤 기능과 목적을 가지고 있는지를 밝히는 데 거의 도움을 주지 못했다. 그러나 오늘날에는 신경과학이 발전하면서, 뇌와 그 작동방식에 대한 비밀을 밝혀줄 새롭고 흥미로운 정보들이 하루가 멀다 하고 쏟아져 나온다. 뇌에 대해 우리가 몰랐던 사실들이 이처럼 빠른 속도로 밝혀지고 있는 것은 1970년대 초반부터 놀랄 만한 발전을 거듭해온 의료기술 덕분이라고 할 수 있다. 특히, 컴퓨터 지원 영상기술이 발전하면서 살아 있는 사람의 뇌가 정보를 처리할 때 실제 활동하는 모습을 아주 섬세한 영상으로 볼 수 있게 되었다.

표 2.3 신경과학연구의 주요 기법

기법	소개된 시기	특징
뇌파검사 (EEG: Electroencephalograph)	1940년대	신체에 손상을 가하지 않고 뇌의 활동을 측정한 최초의 비침습(非浸濕)적인 연구기법. 뇌의 활동으로 발생한 전기신호를 일정 시간 동안 측정하여 뇌의 여러 영역 간의 연결관계에 대한 정보를 제공함
컴퓨터단층촬영 (CAT or CT: Computerized Axial Tomography)	1970년대 초반	X선을 이용하여 뇌의 횡단면 2차원 이미지를 여러 장 만들어내는 영상기법. 특정 부위의 뇌 손상 혹은 뇌 혈류의 미세한 변화를 감지하는 데 특히 유용함
양전자방출단층촬영 (PET: Positron Emission Tomography)	1970년대 중반	양전자를 방출하는 방사능 동위원소를 포도당에 부착하여 혈액 속에 주입하는 기법. 혈류 혹은 신진대사 활동을 관찰할 수 있으며, 뇌의 피질보다 훨씬 안쪽 영역의 활동양상을 볼 수 있음
자기공명영상 (MRI: Magnetic Resonance Imaging)	1977년	강력한 자기장과 전파 진동을 이용하는 영상기법으로 뇌의 3차원 이미지를 매우 정밀하게 보여줌
기능적 자기공명영상 (fMRI: functional Magnetic Resonance Imaging)	1992년	1990년대 초반에 소개된 영상기법. 뇌세포가 소비하는 산소량의 변화를 측정하여 활성화된 뇌의 영역과 활성화된 정도를 지도처럼 보여줌
자기뇌파검사 (MEG: Magnetoencephalography)	1990년대 후반– 2000년	가장 최근에 개발된 영상기법. 장비가 크고 연구비용이 많이 들기 때문에 많이 사용되지는 않음. 뇌세포의 실시간 활동양상에 대해 가장 자세하고 정확한 이미지를 제공함

[표 2.3]은 이러한 발전을 가능하게 하는 데 가장 큰 공헌을 한 기술 중 몇 가지를 요약하여 정리한 것이다.

신경영상기술의 미래와 뇌연구

신경과학 뉴스레터 「브레인워크(BrainWork)」는 뇌영상기술에 대한 특집호에서 새롭고 더욱 정교한 뇌영상기술이 급속도로 발전하고 있다고 지적했으며, 머지않아 뇌영상기술이 뇌세포들의 연결지점인 시냅스에서 무슨 일이 일어나는지를 보여줄 수 있을 정도로 발전하게 될 것이라고 말했다(Patoine, 2005). 또한 오늘날 수학과 컴퓨터공학, 신경과학연구의 결합으로 여러 분석기법이 개발되면서, 다양한 영상기법을 통해 얻은 연구자료를 컴퓨터를 이용하여 정교하게 분석할 수 있게 되었다. UCLA 신경영상연구실의 책임자인 아서 토가(Arthur Toga)에 따르면, 이런 기술 덕분에 "정상적인 사람의 뇌에서 어떤 일이 일어나고 있는지, 손상된 뇌는 어떤 부분이 잘못되었는지를 종합적으로 이해할 수 있게 되었다"고 한다 (Patoine, 2005). 무엇보다 가장 흥분되는 일은 뇌의 활동을 실시간으로 관찰하고 분석할 수 있는 능력이 점점 향상되고 있다는 사실이다. 뇌의 활동은 대부분 불과 1-2초 내에 이루어지기 때문에, 뇌의 활동을 밀리세컨드(ms) 단위로 측정할 수 있는 기술이 더욱 발전하고, 여기에 세포연구나 광학적 2광자영상(Optical two-photon imaging)이라는 신생 분야까지 함께 발전한다면, 뇌와 그 작동방식에 대해 분명 지금보다 훨씬 폭넓게 이해할 수 있을 것이다.

3장

십대의 뇌 변화

십대의 뇌는 변화 중

"십대들의 뇌는 잘못된 것이 아닙니다. 아직도 변화하는 중일 뿐입니다."

– 제이 기드(Jay Giedd),

『Brain Immaturity Can Be Deadly(미성숙한 뇌는 치명적일 수 있다)』에 인용, 2005

사람의 뇌는 신경세포와 이를 지지해 주는 세포조직으로 이루어진 끈적끈적한 젤리 형태의 덩어리로서, 두개골로 둘러싸여 있고 척수를 통해 각 신경체계와 연결되어 있다. 성인 뇌의 무게는 대략 1.4kg이며, 양손의 주먹을 좌우로 나란히 잇대어 놓은 것과 비슷한 크기이다. 사람의 뇌는 크게 대뇌(cerebrum), 소뇌(cerebellum), 뇌간(brain stem)의 세 부위로 나뉘며, 그 외 특정 기능을 하는 작은 구조물과 원시세포가 많이 모여 있는 영역들로 구성되어 있다. 이 영역은 뇌간(파충류의 뇌)의 진화를 암시해 주는 부분이다. 사람의 뇌는 두 개(좌·우)의 반구로 확실하게 양분되며, 두 반구는 뇌량(corpus callosum)이라는 두꺼운 신경섬유 다발로 연결되어 있다. 최근까지만 해도 신경과학자들은 아동의 나이가 5-6세 정도가 되면 뇌의 성장·발달이 멈춘다고 생각했다. 즉, 뇌는 출생 전에 이미 어느 정도 성장하며, 6세 정도가 되면 뇌의 크기가 성인 뇌의 90-95% 수준이 된다고 보았다. 그 후 아동기에 걸쳐 뇌 발달의 나머지 과정이 천천히 진행되고, 청소년기에 이르면 성인의 뇌만큼 뇌의 크기가 발달한다는 것이 일반적인 견해였다. 하지만 오늘날 이런 견해는 잘못되었음이 밝혀졌다. 청소년기 뇌에서 벌어지는 놀랍고 극적인 변화를 발견하게 된 것이다. 이러한 변화과정이 너무나도 극적으로 벌어지고, 뇌의 전체 발달과정에 중요한 부분을 차지하기 때문에, 연구자들은 청소년기 뇌를 두고 '발달 진행 중'이라고 말하기도 한다.

> **십대의 뇌에서는 정말 놀랍고 중요한 변화가 일어나고 있다.**

뇌 발달과 뇌 구조

신경회로 증가와 가지치기, 수초 발달

뇌의 여러 기능을 수행하기 위해 정보를 처리하는 대뇌피질(cerebral cortex)은 크게 구분하여 회질(gray matter)과 백질(white matter)이라는 두 가지 주요 물질로 이루어져 있다. 그중에서도 회질 부위에는 뉴런(neuron)이라고 하는 신경세포가 밀집되어 있다. 뉴런의 수는 무려 1,000억 개 가까이 되는 것으로 추정되며, 신체의 다른 세포와 달리 재생이 불가능하지만, 전기화학적 신호를 매개로 다른 뉴런에 정보를 전달하거나 뉴런끼리 서로 정보를 교환하는 독특한 기능을 한다. 뉴런은 크게 핵이 있는 세포체(cell body), 손가락 모양의 수많은 짧은 돌기로 이루어진 수상돌기(dendrite), 한 가닥의 섬유조직으로 된 축색(axon)으로 구성된다.

　한편 백질 부위는 수초(髓鞘, myelin)로 이루어져 있다. 수초는 뉴런의 축색 부위를 전기선의 피복처럼 감싸고 있는 지방질의 백색 물질을 말한다. 이렇게 축색을 감싸고 있기 때문에, 수초는 전기신호가 축색을 지날 때 외부 방해를 받지 않고 빠르게 지나다닐 수 있도록 절연체 역할을 한다. 신경과학자들의 견해에 따르면, 사람은 일생 동안 보유할 뉴런의 대부분을 갖고 태어나지만 새로운 경험과 학습을 하게 되면 뇌가 이 새로운 감각정보들을 처리하게 되고, 이때 기존 뉴런들 사이에 시냅스라 부르는 접합부 수가 늘어나면서 신경회로가 더 많이 생성된다고 한다.

뉴런은 태아일 때 단위 면적당 수가 가장 많은데, 대략 임신 3-6개월 즈음 태아의 뇌에서는 뉴런이 엄청나게 많이 만들어진다. 그러다가 출산 직전에 '가지치기(pruning)'라는 과정을 거치면서 불필요한 뉴런들이 상당수 제거된다. 5-6세부터 사춘기가 시작될 무렵까지 뉴런에서는 여러 갈래의 수상돌기가 자라나 다른 뉴런과 수없이 많은 연결을 새로 만들고, 이로써 신경신호의 수많은 전달경로가 새롭게 만들어진다.

이 과정은 11-12세 무렵에 절정에 이른다. 최근 신경과학연구에 의하면, 청소년기 때(13-19세) 뉴런 수가 급증하고 필요 없는 연결이 솎아지면서 뇌 발달에 있어 '제2의 극적인 변화'가 일어나게 되며, 이는 고등사고능력 발달에도 영향을 미칠 정도로 중요한 변화라고 한다. 청소년기에는 평균적으로 15% 정도의 회질 부위가 가지치기를 통해 감소한다.

이처럼 청소년기에 뉴런 수가 급증하고 가지치기가 일어나면서 '제2의 극적인 변화'가 유발되는 이유는 사춘기 초기에 급증하는 성호르몬 분비 때문인 것으로 보인다. 사실 이 시기에 뉴런 자체가 눈에 띄게 많아지는 것은 아니지만, 뉴런 사이를 연결하는 시냅스 수가 엄청나게 늘어나 수많은 신경회로가 새로 만들어진다. 하지만 청소년기에 만들어진 신경회로의 대부분은 그 신경회로가 많이 활성화되는지 아닌지에 따라 일부가 '가지치기'에 의해 솎아진다. 즉, 자주 사용되어 연결이 강화된 신경회로는 견고하게 유지되지만, 그렇지 않은 신경회로는 사라지는 것이다.

이처럼 뇌 전반에 걸쳐 신경회로의 수가 눈에 띄게 증가하고, 뉴런 간의 연결이 강화되는 것이 청소년기 뇌의 특징이다. 청소년기 내내 이루어지는 이러한 성장·발달은 뇌 뒷부분에서 앞부분으로 여러 단계에 걸쳐(사실은 매우 불규칙하게!) 진행된다. 뇌의 여러 영역 중에서 뇌의 뒤쪽 부위가 제일 먼저 성숙단계에 도달하는 반면, 뇌의 앞쪽 부위인 전전두피질(prefrontal cortex)은 가장 나중에 성숙된다.

> 뇌 전반에 걸쳐 신경회로가 눈에 띄게 증가하고 뉴런 간의 연결이 강화되는 현상은 사춘기의 특징이라고 할 수 있다.

청소년기 뇌의 변화는 회질 부위만이 아니라 백질 부위에 해당하는 수초에서도 일어난다. 청소년기 뇌의 전전두피질은 수초가 뉴런을 감싸는 수초화 과정이 매우 느리게 진행되어 천천히 성숙한다. 수초화 과정은 태어나서 성인이 될 때까지 뉴런의 두께가 점점 두꺼워지는 것을 의미하는데, 청소년기에는 이러한 뉴런 두께의 증가가 매우 천천히 일어난다. 수초화 과정이 가속화되면 뉴런 간의 연결이 좀 더 완성단계에 이르고, 신호전달이 좀 더 효율적으로 변한다. 이러한 수초화 과정은 가지치기 과정과 함께 일어나는데, 수초화가 많이 진행될수록 뉴런을 감싸고 있는 수초가 점점 두꺼워지고 정보전달의 효율성이 좋아진다. 마치 전선에 절연체를 감싸고 나면 전도율이 향상되듯이, 수초의 두께가 두꺼워지면 신경전달이 더 빠르고 효율적으로 일어나며, 결과적으로 해당 뇌 부위의 기능이 좋아지게 된다. 제이 기드는 청소년기 뇌에서 일어나는 이러한 두 과정, '가지치기'와 '수초 두께 증가'로 인해 뇌세포를 연결하는 신경회로의 수는 줄어들지만, 정보를 연결하는 속도는 향상될 것이라는 점을 지적하고 있다(Wallis, 2004). 하지만 청소년기 뇌

표 3.1 십대 뇌에서 벌어지는 놀라운 변화

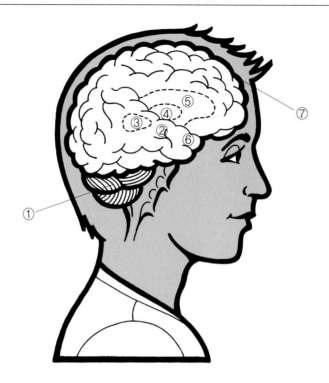

① 소뇌(Cerebellum) : 움직임을 조율하고 운동기술을 통제하는 역할. 청소년기를 지나 20대에
  도 지속적으로 발달함

② 해마(Hippocampus) : 기억과 학습을 담당하는 주요 뇌 영역 중 하나로서 청소년기에 눈에
  띄게 성장하고 발달함

③ 대상회(Cingulate Gyrus) : 변연계의 일부로 주의집중 및 자유의지에 의한 선택 시 중요한
  역할을 하는 것으로 보임

④ 기저핵(Basal Ganglia) : 전전두피질이 감각정보의 우선순위를 정하고 이를 체계화할 수 있
  도록 돕는 역할을 함

⑤ 뇌량(Corpus Callosum) : 좌뇌와 우뇌를 연결하는 두꺼운 신경섬유다발로서 청소년기에는
  두 반구의 연결성이 매우 강해짐

⑥ 편도체(Amygdala) : 뇌의 '감정의 문지기(emotional gatekeeper)'로서 감정반응이 일어나는
  장소이자 감정기억을 암호화하는 역할을 함

⑦ 전전두엽(Prefrontal Lobes) : 사고와 의사결정을 담당하며 청소년기 뇌의 발달에서 가장 마
  지막에 완성되는 영역임

에서 수초가 두꺼워지는 현상은 부정적인 결과를 가져오기도 한다. 즉, 뉴런 전체가 수초에 완전히 둘러싸이면 형태가 경직되어 다른 뉴런과 유연하게 연결을 맺기가 어려워진다. 그래서 발달과정에 있는 청소년의 뇌에 한때 존재했던, 새로운 경험을 학습하고 수용하는 엄청난 잠재력의 일부가 영영 사라지고 만다.

> 청소년기에는 뇌의 신경회로 중에서 잘 사용하지 않는 신경회로가 '가지치기' 과정을 통해 사라진다.

전전두피질(Prefrontal Cortex)

전전두피질은 이성적 사고, 계획, 체계화, 의사결정, 문제해결, 인지적 처리과정 등을 수행하는 데 중요한 역할을 하기 때문에 흔히 뇌의 집행중추(executive center)로 불린다. 전전두피질은 뇌 전체를 뒤덮고 있는 얇고(약 1-8mm 두께) 주름진 바깥층인 대뇌피질 혹은 신피질이라고 하는 부위의 일부이다. 이러한 대뇌피질 부위에는 뉴런이 많이 밀집되어 있기 때문에 대뇌피질을 가리켜 회질이라고 부르기도 하며 인지, 문제해결, 언어, 시각 등의 기능을 담당한다. 신피질, 즉 대뇌피질은 전두엽, 후두엽, 측두엽, 두정엽 등 네 개의 주요 영역으로 구분되며, 각 영역에서 처리하는 감각정보의 종류와 기억 연결회로가 다르다.

> 전전두피질은 사고와 의사결정을 담당하는 뇌 부위로서, 청소년기 뇌 발달과정에서 가장 마지막에 완료된다.

전전두피질은 정수리를 기준으로 앞부분에 있으며, 정확히 이마 바로 뒤편에 위치한 부분을 말한다. 인간이 다른 동물과 구분되는 뚜렷한 특징으로 어떤 행동과 그에 따른 결과를 인지할 수 있게 하는 곳이 바로 이 부위이다. 신경과학계의 연구에 의하면, 청소년기 뇌의 발달과정에서 전전두피질이 가장 마지막에 발달하게 되며, 이러한 발달과정은 20대 중반까지도 계속된다고 한다. 전전두피질은 십대 초기에는 어느 정도 성장하다가, 이후 가지치기 과정을 통해 불필요한 연결부위와 신경회로가 솎아지고 필요한 신경회로만 강화되면서 그 크기가 다소 줄어드는 것으로 보인다.

소뇌(Cerebellum)

> 청소년기에 소뇌에서 역동적인 변화가 일어난다는 것이 연구를 통해 밝혀졌다.

소뇌는 뇌의 3대 주요 부위 중 하나이다. 소뇌는 뇌의 뒤쪽 아랫부분에 있는 뇌간의 바로 뒤에 있으며, 신체의 평형을 유지하고 자세를 바로잡는 역할뿐만 아니라 기초적인 근육운동과 운동기능을 제어하는 역할을 한다. 또한 신경과학자들은 소뇌가 수학적 추론, 사회적 상호작용, 의사결정능력, 감정정보의 우선순위 설정과 같은 고등인지능력을 조절하는 데에도 기여한다고 본다. 소뇌는 뇌의 다른 영역과 달리 20대에도 계속 성장하는 것처럼 보이는데, 연구에 의하면 청소년기에 가장 역동적인 변화를 겪는다고 한다. 청소년기에 소뇌에서는 뉴런이 눈에 띄게 성장하고, 뉴런 간의 연결과 신경회로가 발달한다. 소뇌는 신체 움직임을 조율하고 운동기술을 다루는 능력과 아주 밀접하게 연관되어 있기 때문에 청소년기 초기에 운동기술이 서툴고 어설퍼 보이는 이유를 청소년기 소뇌의 역동적인 변화 과정으로 설명하기도 한다.

변연계(Limbic System)
변연계에는 뇌의 진화과정 초기에 생긴 것으로 보이는 구조물들이 들어 있기 때문에, 일명 '원시뇌(primitive brain)'라고도 부른다. 변연계는 서로 유기적으로 연결되어 감정반응과 감정조절을 담당하는 여러 뇌영역을 포함하며, 배고픔, 갈증, 수면, 성적 반응, 호르몬 분비에도 영향을 끼친다. 이러한 변연계는 편도체, 기저핵, 해마, 대상회 등의 조직으로 이루어져 있다. 청소년기에 대량으로 분비되는 성호르몬은 변연계에 특히 많은 영향을 끼친다. 청소년기는 일생 동안 감정분출이 가장 심한 시기이며, 이 시기에 분비되는 성호르몬은 기분, 충동, 의욕, 감정의 흥분상태 등을 조절하는 각종 신경전달물질(뇌의 화학물질)에 매우 큰 영향을 미친다. 이로 인해 청소년들은 감정기복이 심하고 이런 감정상태를 제대로 조절하지 못한다.

> 청소년들은 성인에 비해 감정기복이 심하고, 자신의 감정상태를 조절하기 힘들어한다.

기저핵(Basal Ganglia)

기저핵은 대뇌피질 아래쪽에 있으며 몇 개의 작은 뇌 구조들로 이루어져 있다. 기저핵은 큰 움직임과 세부적인 동작 등 운동기능을 주로 담당하고 있으며, 전전두피질이 외부에서 받아들인 감각정보 중 어떤 것을 먼저 처리할지 우선순위를 정하고 결정하는 과정을 돕는 역할을 한다. 기저핵은 전전두피질의 발달과정과 매우 비슷하며, 그런 점에서 두 영역이 밀접하게 연관되어 있는 것으로 추정된다 (Wallis, 2004).

대상회(Cingulate Gyrus)

변연계의 일부인 대상회는 뇌량 바로 위, 두 반구 사이 지점에 있는 굴곡진 직은 주름 혹은 가느다란 밭이랑 모양의 띠이다. 신경과학자들은 이 작은 영역 안에서도 특히 전대상회(anterior cingulate)라고 하는 대상회의 앞쪽 부위에 주목하는데,

그 이유는 이 부위가 주의집중, 공격행동의 제어, 보상기대 심리, 자유의지에 의한 선택(생명이 위협받는 상황에서 내리는 결정이 아닌, 여러 가지 대안이 있는 상황에서 내리는 선택) 등의 중요 기능을 담당하는 영역이기 때문이다. 대상회는 '감정과 보상을 매개하는 주요 전달통로'(Smith, 2002)로 여겨지기도 하며, 학습동기를 유발하는 데 많은 영향을 끼친다. 대상회 역시 뇌의 다른 영역처럼 청소년기에 엄청난 변화를 겪으면서 천천히 성숙한다는 사실이 뇌과학 연구를 통해 밝혀졌다.

편도체(Amygdala)

편도체는 아몬드와 비슷한 크기와 형태를 지녔으며 뇌 안쪽 깊숙한 곳에 자리한다. 편도체는 감정반응과 감정기억을 만들어내는 과정에 관여하는 것으로 보인다. 그래서 이 영역을 '감정의 문지기'라고 부르기도 한다. 신경 영상기법의 하나인 기능적 자기공명영상(fMRI)을 통해 편도체의 활동을 관찰한 결과, 십대들은 감정정보를 처리할 때 편도체 의존도가 성인보다 더 높다고 한다. 이들이 성인으로 성장해감에 따라 의사결정에 주로 관여하는 뇌 영역은 이성적인 판단을 담당하는 전전두엽 부위로 이동하게 된다.

> 뇌 영상을 보면 십대들은 감정정보를 처리할 때 성인에 비해 편도체 의존도가 훨씬 높다는 것을 알 수 있다.

뇌량(Corpus Callosum)

뇌량은 좌뇌와 우뇌를 연결하는 두꺼운 신경섬유다발로서 양 반구 간에 정보교환이 일어날 수 있게 해준다. 청소년기에는 양 반구를 연결하는 이러한 뇌량의 두께 변화가 두드러진다(Wallis, 2004). 그 결과, 뇌의 양 반구가 서로 정보를 효율적으로 전달하게 되기 때문에 뇌의 정보처리능력이 매우 좋아진다. 좌반구와 우반구

사이의 신속한 정보교류는 문제해결과 창의성에 매우 중요하다. 뇌과학 연구에 의하면, 수학영재들이 재능을 발휘하는 이유는 문제를 해결하는 과정에서 뇌 양쪽을 모두 효율적으로 활용하기 때문이라고 한다(Davis, 2004). 그 아이들의 뇌에서는 뇌량을 중심으로 양 반구가 신속하게 정보를 교환하는 것으로 보인다.

해마(Hippocampus)

해마는 뇌 안쪽에 있는 초승달 모양의 작은 조직으로서, 기억을 처리하고 장기기억을 형성하는 데 핵심적인 역할을 한다. 뇌의 다른 영역처럼 해마에서도 청소년기 동안 뉴런 간의 연결이 강화되고, '가지치기'를 통해 일부 뉴런이 사라지는 과정이 일어난다. 해마는 장기기억을 만들어 내는 데 핵심적인 역할을 하기 때문에, 청소년기는 해마의 성장과 발달에 특히 중요한 시기가 될 수 있다. 청소년기에 다양한 학습경험과 기회가 많이 주어지면 뇌는 여러 신경회로를 통해 기억을 형성하게 되는데, 이러한 활동은 해마의 성장과 발달에 영향을 준다. 또한 신체활동도 해마가 성장하는 과정과 밀접하게 연관되어 있으며, 매우 큰 영향을 끼친다. 따라서 기억과 학습에 중요한 뇌의 주요 영역인 해마가 최적의 상태로 발달할 수 있도록, 십대들을 다양한 신체활동에 참여시키는 일은 매우 중요하다.

> **신체활동은 해마가 성장하는 과정과 밀접하게 연관되어 있으며 매우 큰 영향을 끼친다.**

송과체(Pineal Gland)

송과체는 뇌 내부에 위치한 작은 내분비기관이다. 이 부위의 주요 기능은 수면주기를 조절하는 호르몬인 멜라토닌을 분비하는 것이다. 연구에 따르면 청소년기에는 송과체의 멜라토닌 분비율이 변한다고 한다. 그 결과 수면주기가 달라져서 뇌의 야간 수면신호가 더 늦은 시간에 찾아오게 된다. 이러한 이유로 십대들은 어렸을 때 늘 잠자리에 들던 그 시간이 되어도 잠들지 않고 깨어있는 것이다.

넘쳐나는 호르몬

오늘날 신경과학자들과 발달심리학자들은 대부분 청소년들이 겪는 엄청난 감정 변화를 단지 호르몬 수치 때문으로 보지는 않는다. 하지만 그렇다 해도 사춘기 동안 대홍수처럼 분출되는 호르몬은 여전히 청소년기 뇌에 많은 영향을 끼친다. 사춘기에는 부신 분비샘뿐만 아니라 성 분비샘에서 에스트로겐, 테스토스테론, 그밖에 이와 유사한 생화학물질이 혈액 속으로 분비되기 시작한다. 최근 신경과학 연구결과에서 밝혔듯이, 이러한 호르몬은 뇌에서 유독 활발히 활동하며 각종 화학물질의 생성에 관여하고, 감정과 기분, 흥분상태를 조절하는 세로토닌, 도파민과 같은 신경전달물질 분비에 영향을 준다. 특히, 뇌의 감정중추인 변연계가 성호르몬의 영향을 많이 받는 것으로 보인다.

뇌과학이 교육자들에게 어떤 의미가 있을까?

주의해야 할 점

신경과학자들은 뇌 영상연구 결과를 통해 인간의 행동을 설명하거나, 감정을 학습과 연결하여 무언가를 주장할 때 늘 몇 가지 주의사항을 빼놓지 않는다. 그들은 어떤 사고 과정을 거치는 동안 뇌의 특정 부위가 활성화되었다고 해서, 이 부위에서 반드시 그 사고 과정이 발생하는 것은 아니라는 것을 거듭 강조한다. 사실, 뇌 영상을 근거로 하는 주장에는 추가적인 신경과학 연구와 조사가 필요한 경우가 많다. 가령, 뇌 영상으로 확인된 연구결과는 뇌손상 환자에 대한 연구나 수면 연구, 그 밖의 여러 인지심리학 연구들에 의해 뒷받침된다.

또한 신경과학자들은 신경과학이 워낙 신생 분야라서 불과 몇 달 전에 밝혀진

뇌와 뇌 발달에 대한 연구결과조차 새로운 정보가 밝혀지면 바로 뒤집어질 수 있다고 경고한다. 무엇보다 교육자나 교육관계자들은 이 흥미진진한 뇌 연구 결과를 교실수업에 적용하고자 할 때, 그 의미를 해석하고 적용함에 있어서 지나침이 없도록 경계해야 한다. 하지만 이러한 위험 요소에도 불구하고, 우리는 청소년기의 뇌를 위해 좀 더 뇌친화적인 학습 환경을 조성하는 데 필요한 지침과 실제적인 방안을 신경과학 분야의 연구결과로부터 상당 부분 얻을 수 있다.

놀랍고도 중요한 12가지 발견

신경과학자들은 십대 아이들의 뇌에서 매우 놀랍고 중요한 변화가 일어나고 있다는 사실을 밝혀왔다. 이러한 변화는 순식간에 일어나며, 십대들의 행동과 사회 정서적인 측면, 인지적인 측면이 어떻게 발달하는지를 여실히 보여 준다. 십대들의 뇌에서 발견한 열두 가지 중요한 특징은 다음과 같다.

1 청소년기에는 신경회로가 재편성된다

청소년기 뇌는 신경회로가 재편성되고 시냅스 연결이 강화되면서 역동적으로 발달한다. 이러한 뇌의 재편성 과정은 일반적으로 뇌의 뒷부분에서 시작해서 앞부분으로 진행된다. 십대에서 성인으로 성장해 가면서 뇌 활동의 중심이 감정 중추(변연계)에서 자기통제, 합리적 의사결정, 문제해결 능력, 체계적 사고 능력, 계획 수립 능력 등의 기능을 담당하는 부위(전전두엽 피질)로 옮겨간다. 따라서 십대들은 청소년기를 지나는 동안 인지 처리과정과 추상적인 사고 능력이 눈에 띄게 발달하는 한편, 감정적으로 생각하고 선택하는 비중은 점차 감소하게 된다.

2 청소년기에는 고등 사고력이 천천히 발달한다

인지 기능과 고등 사고력의 성숙과 발달은 이십 대 중반까지도 계속 이어진다. 이런 기능을 담당하는 전전두엽 피질은 뇌 전체의 발달 과정에서 가장 마지막 단계까지, 새로운 신경연결을 맺거나 불필요한 신경연결을 제거하는 과정, 신경회로 간의 연결이 더욱 단단해지는 과정, 뉴런 주위를 수초로 감싸는 과정을 겪는다. 전전두엽 부위는 의사결정, 합리적 사고, 계획 수립, 문제해결, 체계화 등을 비롯하여 고등 인지기능을 좌우하기 때문에, 이 영역의 성숙이 온전히 이뤄지지 않은 십대들(특히, 청소년기 초기)은 성인보다 사고 인지능력이 떨어진다.

캐나다 인구보건 교수연구회 회원이자 맬하우지 의과대학에서 중독 연구를 하고 있는 크리스찬 풀린(Christiane Poulin)에 의하면, 십대들의 연령이 높아질수록 마약의 유해성에 대한 인식이 눈에 띄게 달라진다고 한다(Gillis, 2005). 따라서 열두 살에서 열다섯 살 사이의 청소년 집단을 대상으로 마약 교육을 할 때, '유해성 감소 전략'[1]을 내세우는 것은 별로 효과가 없다. 또한 풀린은 「크로니클 헤럴드(The Chronicle Herald)」에 기고한 기사에서 다음과 같이 말한 바 있다. "유해성 감소 전략을 수행하기 위해서는 복잡한 의사결정 과정이 필요한데, 청소년들은 그만큼 인지 능력이 성숙해 있지 않습니다." 하지만 십대 초반 학생들과 달리, 십대 후반 학생들은 약물 남용과 관련된 문제와 위험성을 분별할 수 있다고 한다(Gillis, 2005). 풀린은 열한 살에서 열다섯 살 사이의 청소년들이 마약 중독의 해악에 대해 이성적으로 판단해 주기를 기대하느니, '그저 마약에 손대지 말라고 가르치는 것이 최선'이라고 말한다.

---

[1] 유해성 감소 전략이란 약물 오남용을 현실적으로 막을 수 없다면 약물 복용자들에게 이런 문제와 위험을 인식하게 하고, 덜 위험하거나 덜 해로운 행동을 하도록 권유하여 문제의 심각성을 완화하려는 전략이다.

3 청소년기에는 호기심이 떨어지고 충동성이 강해진다

전전두엽 피질은 새로운 자극 추구와 호기심을 통제하고 조절하는 기능과도 연관된다. 전전두엽 피질은 청소년기를 거치는 동안 매우 더디게 발달하기 때문에, 십대의 뇌는 스스로 무언가에 흥미를 느껴 몰입하려는 경향이 낮은 경우가 많다. 따라서 십대들이 주어진 학습 과제에 흥미를 느끼게 하려면, 성인에게 학습 동기를 불러일으킬 때보다 더 직접적이고 외재적인 동기를 부여해야 한다. 이렇게 호기심을 불러일으킬 때와 반대로 충동성을 억제해야 할 경우도 있다. 성인들은 새로운 것에 호기심을 느낄 때 감당해야 할 위험이 크다고 생각되면 이러한 경향을 통제할 수 있는 충동억제 기제가 발동하지만, 십대들은 이러한 능력이 부족한 편이다. 십대들은 자칫 일어날 수 있는 위험이나 그 일이 미칠 수 있는 심각한 영향에 대해서는 생각해 보지 않은 채, 낯설고 흥미를 자극하는 상황에 호기심을 느끼고 충동적으로 새로운 시도를 하려는 경향이 강하다.

4 청소년기 뇌는 사용하기 나름이다

청소년기 뇌의 성장발달 과정은 기본적으로 '사용하라, 그렇지 않으면 사라진다(use-it-or-lose-it)'라는 원리에 따라, 사용한 신경회로는 더욱 강화되고 반대로 사용하지 않은 신경회로는 약화되거나 사라진다.(표 [3.2] 참조) 신경회로가 단단하게 연결되어 유지되는 능력뿐만 아니라 새로운 정보를 받아들이고 이를 기억하는 능력은 청소년들이 겪는 경험의 양과 질, 유형에 따라 크게 영향을 받는다. 가령, 악보를 눈으로 보면서 악기를 연주하는 법을 몸으로 익히려면 무려 여덟 군데의 뇌 영역이 활성화되어야 한다(Fick & Shilts, 2006). 오늘날 과학자들은 뇌가 감각자극을 받아들이게 되면, 가소성(plasticity)이라는 뇌의 속성상 신경연결의 체계와 구조가 변할 수 있다고 말한다. 신경 간의 연결은 자주 사용할 경우 튼튼해지고 또 오래 유지되지만, 그렇지 않은 경우 가지치기를 당하여 제거된

다. 캘리포니아대학 어바인 캠퍼스 의과대학의 리처드 하이어(Richard Haier)에 따르면, 일반적으로 지능은 뇌 특정 영역에 존재하는 회질의 양에 따라 달라지며, 그 회질의 뇌 분포 양상에 따라 개인의 정신 능력이 크게 좌우된다고 한다. 가령, 청소년기 초기에 외국어를 배울 때는 언어 정보를 처리하는 뇌 영역에 회

표 3.2 '사용하라, 그렇지 않으면 사라진다!'
십대들은 자신의 뇌를 어떻게 발달시킬지를 결정할 수 있다.

질이 증가하는데, 이러한 과정은 운동을 통해 근육이 길러지는 양상과 아주 비슷하다. 이에 대해 제이 기드(Jay Giedd)는 다음과 같이 말한다. "십대는 자신의 뇌 발달을 어떤 방향으로 발달시킬지, 즉, 어떤 신경연결을 유지하고 어떤 신경연결을 없앨지를 결정할 수 있다." 즉, 그들이 예술을 하든, 음악이나 스포츠를 하든, 혹은 게임을 하든, 뇌 구조는 그러한 경험에 적응하면서 변하게 된다는 것이다(Begley, 2000).

"십대들은 자신의 뇌를 어떻게 발달시킬지를 결정할 수 있다."

- 제이 기드(Jay Giedd),

「Getting Inside a Teen Brain(십대의 뇌 속으로)」에 인용

5 청소년기 뇌는 편도체에 의존한다

십대들은 감정을 처리할 때 성인들과 달리 전두엽보다는 뇌의 감정중추인 편도체를 더 많이 이용하며, 이는 청소년기 초기에 특히 두드러진다. 하지만 이런 경향은 십대 후반으로 들어서면서 점차 바뀌게 된다. 청소년들이 편도체에 과도하게 의존한다는 사실은 그들이 다른 사람의 감정 신호를 종종 잘못 해석하는 이유를 설명해 준다. 로버트 맥기븐(Robert McGiven)과 동료 연구진은 한 연구를 통해, 사춘기에 접어들면 사회적 관계 상황과 타인의 감정을 재빨리 간파하는 능력이 아동이었을 때보다 무려 20%정도 떨어졌다가, 18세 무렵에야 점차 원래대로 돌아온다고 말했다.

6 청소년기 뇌는 활성화되는 영역이 다르다

특정 능력(가령, 언어 능력)을 수행할 때 활성화되는 뇌 영역이 청소년기를 거치는 동안 바뀌는 것으로 보인다. 가령, 전두엽이 뒤늦게 발달함에 따라 감각 정

보를 처리할 때 활성화되는 영역이 뇌의 다른 부위에서 전두엽으로 바뀌기도 하고, 다른 영역이 추가적으로 활성화되기도 한다. 언어 능력의 경우, 청소년기 이전에는 언어 능력을 뇌의 어느 한 반구가 주로 관장하는 것으로 보이지만(오른손잡이는 좌뇌 담당, 왼손잡이는 우뇌 담당), 20-25세 무렵이 되면 어느 특정 반구가 아니라 양 반구에 골고루 분산되는 것으로 보인다. 뿐만 아니라 십대 시절에는 베르니케 영역(Wernicke's area)과 브로카 영역(Broca's area)이라는 두 군데의 뇌 영역에서 신경연결망이 발달하는데, 이는 청소년들의 언어 이해, 말하기 및 쓰기 능력의 향상과 상관관계가 있는 것으로 보인다.

7 청소년기 뇌는 충분한 영양과 휴식이 필요하다

신체가 빠르게 성장하고 뇌가 계속 발달하고 있는 청소년기에는 영양을 충분히 섭취하고 양질의 휴식과 수면을 취할 필요가 있다. 휴식은 뇌가 최적의 상태로 학업을 수행하고 기억력을 발휘할 수 있게 해 주는 결정적인 요소이다.

8 청소년기에는 신체활동이 중요하다

청소년기에는 신체가 급격히 성장하면서, 이와 더불어 소뇌도 엄청난 변화를 겪으며 발달한다. 소뇌가 신체 움직임을 조절하는 기능을 담당한다는 사실은 왜 이 시기의 청소년 대부분이 어설프고 서툰 동작을 보이는지를 설명해 준다. 하지만 소뇌가 점차 발달하고 성숙함에 따라 청소년들은 의지대로 몸을 움직이는 기술을 익히면서 자연스러운 동작을 보이게 된다. 또한 소뇌는 여러 가지 고등 사고과정을 처리하는 데도 중요한 역할을 한다고 알려져 있다. 따라서 몸을 다양하게 움직이는 신체 활동은 청소년의 뇌 발달에 여러모로 많은 도움이 된다.

9 청소년기에는 성호르몬 분비가 활발하다

　청소년기에는 성호르몬 분비가 활발하며, 이는 뇌 활동에 영향을 끼친다. 특히 성호르몬은 기분과 흥분상태를 조절하는 감정중추 주위의 신경화학물질에 직접적으로 영향을 끼친다. 십대들이 감정의 기복이 심하고, 강력한 자극과 흥분되는 일, 위험한 일에 충동적으로 빠져드는 것은 바로 이 때문이다.

10 청소년기에는 중독에 빠지기 쉽다

　청소년기에는 뇌의 쾌락 반응을 통제하고 조절하는 세로토닌이나 도파민 같은 신경전달물질의 분비량이 급격히 변화한다. 알코올이나 니코틴 같은 약물은 뇌에서 자생적으로 만들어지는 신경전달물질과 동일한 반응을 유발하기 때문에, 신경전달물질의 분비량이 자주 또 크게 변화하는 청소년기에 약물을 복용하게 되면 그 종류를 불문하고 중독에 빠지기가 쉽다. 또한 청소년기에 시작된 중독 증상은 완치되기에도 상당히 어렵다.

11 청소년기 뇌에 마약은 치명적이다

　십대들의 뇌는 발달 과정상 중요한 변화가 일어나고 있고 외부의 영향에 따라 뇌의 신경연결 구조가 쉽게 바뀌기 때문에, 이 시기에 각종 약물을 무분별하게 복용하게 되면 뇌가 영구적으로 손상을 입을 가능성이 높다. 특히 코카인, 헤로인, 각성제처럼 중독성이 강한 마약은 뇌에 심각한 손상을 일으키게 된다. 가령, 엑스터시는 청소년기 뇌 세포를 심각하게 손상시킨다. 그동안 과학자들은 알코올과 니코틴이 청소년기 뇌에 유해한 영향을 별로 끼치지 않는다고 (적어도 성인의 뇌에 끼치는 영향보다 크지는 않다고) 여겼지만, 오늘날에는 그와 상반되는 연구결과들이 나오고 있다. 바바라 스트로치(Barbara Strauch)의 2003년 저서 『십대들의 뇌에서는 무슨 일이 벌어지고 있나(The Primal Teen: What the New

Discoveries About the Teenage Brain Tell Us About Our Kids)』에 인용된 연구들에 의하면, 알코올과 니코틴은 청소년기 뇌에 영구적인 변화를 일으키거나 잠재적인 손상을 준다고 한다. 이와 관련하여 듀크대학의 스콧 스워츠웰더(Scott Swartzwelder)는 이렇게 말했다. "알다시피 청소년기 뇌는 다릅니다. 그 차이점 중 하나는 청소년기 뇌가 알코올 중독에 더 빠지기 쉽다는 것입니다"(Strauch, 2003). 발달 과정에 있는 청소년기 뇌에 대해 우리가 오늘날 알고 있는 지식으로 미루어 볼 때, (니코틴과 알코올을 포함한) 약물 사용이 청소년기 뇌에 미치는 장기적인 (어쩌면 영구적일지도 모를) 영향에 대해 경각심을 가져야 한다고 연구자들은 주장한다.

12 다수의 정신질환이나 정신장애가 청소년기에 발병한다

대부분의 정신의학적 질환 및 정신장애(정신분열증, 조울증, 심한 우울증 등)는 청소년기에 시작되는 경우가 많다. 이러한 사실에서 짐작해볼 때, 정신질환의 발병은 뇌의 수초화나 가지치기 과정, 도파민 같은 신경전달물질의 과잉·과소 분비와 관련이 있는 것으로 보인다. 즉, 신경회로에 문제가 있을 경우 청소년기 뇌의 발달 과정을 거치면서 그러한 뇌 기능 이상이 더욱 악화되어 행동 반응이나 정신의학적인 문제로 드러나게 되는 것이다. 또한 십대들은 대개 스트레스를 장기간 받을 경우에도 정신적인 문제를 겪게 될 위험이 크다(Strauch, 2003).

- 지난 몇 년 동안 청소년기 뇌와 그 발달 과정에 대해 새로운 사실이 많이 밝혀졌다.

- 청소년기는 뇌에 역동적이고 중대한 변화가 일어나는 시기이다.

- 청소년기는 뇌의 발달단계에 따라 여러 가지 특징을 보인다.

- 십대의 행동은 대부분 뇌에서 일어나는 생리학적인 변화를 통해 설명될 수 있다.

- 청소년기 뇌 발달은 '사용하라, 그렇지 않으면 사라진다'라는 원리에 의해 자주 사용하는 신경 회로는 유지되는 반면, 자주 사용하지 않는 신경회로는 사라진다.

- 청소년기에 어떤 경험을 하고 어떻게 받아들이는지에 따라 뇌 기능 발달이 크게 달라진다. 십대에는 뇌를 발달시키기 위해서 어떤 활동을 선택해야 할지에 대한 기회가 열려 있다.

- 십대들이 감정을 다루는 방식은 어른들과 다르다.

- 십대들은 뇌에서 감정을 처리하는 편도체에 의존해 생각하고 판단하는 경향이 많다.

- 청소년기 뇌의 발달 과정에서 가장 마지막에 발달하는 영역은 고등 사고능력과 합리적 의사결 정을 담당하는 전두엽 부분이다.

- 청소년기 뇌에 대해 배운 내용 중에서 가장 중요한 것은 무엇인가?

- 청소년기 뇌에 대한 이 새로운 정보는 나에게 어떤 의미가 있는가?

- 십대들을 어떻게 생각하고 바라봐야 할까?

- 십대들에 대해 새롭게 알게 된 내용이 앞으로 그들을 대하거나 함께 어울릴 때 어떤 영향을 미치게 될까?

뇌친화적 수업원리
10가지와 그 의미

청소년 교육에 대한 신경과학이나 인지심리학, 혹은 교육이론을 통해 지금까지 무엇을 배웠는가?
예전이나 지금이나 수많은 연구자와 교육자들이 인간의 학습방식을 탐구하고,
지능이란 개념을 깊이 연구하고, 신경과학이 교육에 어떻게 적용되는지를 밝히고 있다.
우리는 과연 그 수많은 연구자들의 이론과 주장에서 무엇을 얻을 수 있을까?
이런 오랜 연구 성과들 속에서, 교실수업에 적절히 활용한다면 상당히 효과적인 교수법이
될 만한 기본적인 원리와 개념들을 찾아낼 수 있을까? 단언컨대, 그렇다고 대답할 수 있다.
이 책의 제2부(4장~13장)에서는 앞서 말한 연구자들과 교육자들의 연구 결과와 이론을
열 가지로 압축하여 정리하고자 한다. 교사들이 이를 토대로 수업을 진행한다면,
예측 불가능한 십대들의 뇌에 흥미를 불러일으키는 뇌친화적인 교육을 실현하게 될 것이다.

뇌친화적 수업원리 01
자기만의 의미를 구성하게 하라

십대들은 기존의 경험과 지식을 바탕으로 새로운 지식을 능동적으로 다시 구성하는 방식으로 학습한다. 이러한 개념은 학습과 지식에 대해 현재 가장 널리 통용되고 있는 이론을 잘 보여 준다. '구성주의(Constructivism)'라고 하는 이 이론은 피아제(Piaget, 1952)와 비고츠키(Vygotsky, 1978)의 아이디어에서 출발하여, 이후 브루너(Bruner, 1966)에 의해 정교한 이론으로 다듬어졌다. 미국 학습과학발전위원회에서 펴낸 『학습과학: 뇌, 마음, 경험 그리고 교육(How People Learn: Brain, Mind, Experience, and School)』에 의하면, 현대 학습이론은 사람들이 기존 지식과 믿음을 바탕으로 새로운 지식과 이해를 구성한다고 본다(Bransford, Brown & Cocking, 2000). 구성주의는 우리가 주변 세상을 어떻게 인식하고 이해하는지를 보여주는 하나의 이론이다. 학습이란 뇌가 새로 받아들인 정보를 기존에 갖고 있던 신념이나 개념, 관념체계와 맞춰보고 서로 연결해보며 새로운 인식을 구축하는 과정에서 나온 결과다. 그런 의미에서 기존의 학습은 새로운 학습이 구성되는 토대라고 할 수 있다.

단순히 말해서 학습이란 의미를 구성하는 것이다. 의미를 구성하지 않고서는 어떤 학습도 일어나지 않는다. 또한 의미를 구성하는 것은 학습자의 내면에서 일어나는 일종의 인지과정이다. 그러므로 학습이 확실하게 이루어지려면, 학습자 스스로 의미를 구성할 수 있도록 다양한 경험과 활동들이 주어져야 한다. 이렇게 의미를 구성하는 과정은 새로운 학습이 일어나는 상황(기존의 지식이 활성화되고 새로운 학습이 강화되어 이것이 기존의 지식과 연결되는 방식)뿐만 아니라 학습자가 이전에 갖고 있던 경험이나 생각, 가치관에도 영향을 받는다.

> 학습이란 의미를 구성하는 것이다. 의미를 구성하지 않으면 어떤 학습도 일어나지 않는다. 학습이 확실하게 이루어지려면, 학습자 스스로 의미를 구성할 수 있도록 다양한 경험과 활동들이 주어져야 한다.

그러므로 구성주의 이론에서 교사의 역할은 학습경험과 학습기회를 만들어주는 것이어야 한다. 이때 교사는 학습자의 선험지식이나 신념이 무엇인지 관찰할 수 있어야 하고, 개별적으로 학생을 도와 타당성이 있는 개념을 새롭게 구성하고 또 학습자만의 고유한 의미를 가질 수 있게 해야 한다. 브루너(Bruner)는 구성주의 학습의 중요 원칙을 다음 세 가지로 제시하였다(1966).

• 교육은 학습경험과 학습상황이 학생들의 의욕과 능력을 이끌어 낼 수 있는가에 중점을 두어야 한다. 즉, 교육이 이루어질 때 학습자는 주어진 학습을 시작하려는 마음가짐뿐만 아니라 이를 수행할 역량도 갖춘 상태여야 한다.

• 학습자가 쉽게 파악하고 이해할 수 있는 방식으로 수업을 구성해야 한다. 이를 위해 나선형식 교육(spiral curriculum, 한 개념이나 기술을 일정 간격을 두고

다시 배우는 교육법. 학생의 발달단계가 높아짐에 따라 점차 세련된 형태로 가르치도록 계획된 교육과정-옮긴이)과 기존 지식을 토대로 새로운 지식을 구성해 나가는 스캐폴딩(scaffolding, 개념이나 기술을 처음 접할 때 학생에게 적절한 도움을 제공하여 인지발달의 발판 역할을 하는 것-옮긴이) 교수 기법을 활용할 필요가 있다.

• 교육은 학습자 스스로 새로운 지식을 새로운 상황에 적용해보고 잘못 알고 있던 부분을 깨닫게 하는 방식으로 구성되어야 한다.

그 외에도 여러 연구자가 구성주의 이론에 입각한 수업과 교육의 특성에 대해 논의해 왔다(Brooks & Brooks, 1993; Earnest, 1995; Jonassen, 1991; von Glaserfeld, 1995). 아래 표 4.1은 구성주의 수업의 특성을 정리한 표이다.

표 4.1 구성주의 수업의 특성

• 교사는 안내자, 멘토, 감독, 학습 조력자 역할을 한다.
• 실생활에서 일어날 수 있는 상황을 토대로 학습과제를 부여한다.
• 직접 연구하여 얻은 1차 자료나 실제 데이터를 자주 활용한다.
• 교사에게 배운 지식을 그대로 외우는 것보다 학생 스스로 새로운 지식을 구성하는 것이 중요하다.
• 문제해결 중심의 학습과 고등 사고력에 중점을 둔다.
• 개념 간 상호 연관성과 통합교과적 학습을 강조한다.
• 학생들이 복합적 관점과 대안적 관점을 접할 수 있도록 해 준다.
• 협력학습과 협동학습에 중점을 둔다.
• 실생활과 연결되는 평가 방식을 사용하며, 학습과정에 대한 피드백을 자주 제공한다.

뇌친화적 수업, 어떻게 할까

: 자기만의 의미를 구성하도록 도와주자

학습이란 학생들이 개인적으로 흥미를 갖고 배워 나가는 능동적인 과정이다. 교사는 학생들이 이미 알고 있는 내용을 바탕으로 의미를 새롭게 구성할 수 있도록 다양한 학습활동과 경험을 제공해주어야 한다. 이것은 학습이 학습자 개인의 관점에서 능동적으로 일어나야 한다는 점을 암시한다. 즉, 학생들은 다양한 학습경험을 통해 새로운 정보와 관련된 여러 개념과 아이디어를 자신이 어떻게 이해하고 있는지를 확인하고 점검한다. 이렇게 기존의 개념을 검토하면서 새로 알게 된 지식이 맞는지 확인하고, 자기 나름대로 이해한 방식에 따라 새로운 의미 모형을 재구성하게 되는 것이다. 교사는 학습자라면 누구나 각자 자기만의 방식으로 개념이나 아이디어를 해석하고 이해한다는 사실을 잘 알고 있어야 한다.

십대의 뇌가 계속 발달 중이라는 사실을 생각해볼 때, 학생이 스스로 의미를 구성하도록 학습환경을 제공하는 일은 교사에게 부담이 되면서도 꼭 필요한 일이다. 그러므로 교사들은 이를 시행하기 전에 십대들이 이러한 교육방식을 받아들일 준비가 되었는지를 먼저 살펴봐야 한다. 가령, 십대 초반의 아이들에게는 이해에 다소 오랜 시간이 걸리는 추상적인 설명보다는 단기적이고 구체적인 학습경험이 필요하다. 아직 고등 사고능력을 갖추지 못했기 때문이다. 인지적인 판단보다 감정이 앞서는 십대들은 학습과정에서 바로 성취감을 느끼지 못하면 조급해하곤 한다. 그러므로 학생들에게 문제를 틀리거나 실수를 하는 것은 뇌가 정상적으로, 자연스럽게 배워나가는 방식이라는 사실을 미리 알려둘 필요가 있다. 무언가를 배우는 데는 시간이 걸리며 그 어떤 것도 즉시 이루어지지 않는다는 점을 강조해 주도록 한다.

구성주의 학습은 학습자들이 이미 알고 있는 개념이더라도 계속 확인해보면서 다른 각도에서 생각해보거나 다른 곳에 적용해봐야 한다고 말한다. 십대들이 '그 정도는 이미 다 아는데…'라고 불평하는 것은 흔한 일이다. 이때 교사는 세심하게 잘 만들어진 복습평가 활동을 통해 학습자들이 자신이 배운 내용을 스스로 점검해볼 수 있도록 이끌어 주어야 한다. 알다시피 뇌는 사용하고 단련할수록 해당 뇌 부위가 더욱 강화되고 발달하므로, 어려운 개념을 이해하고 실생활 문제를 잘 해결하기 위해서는 여러 가지 방법과 전략, 접근법을 경험해볼 필요가 있다. 십대들에게는 특히, 구체적인 상황과 맥락을 제시해주어야 한다. 세상을 이분법적으로 해석하곤 하는 십대들이 이런 흑백논리에서 벗어나 세상의 '회색 지대'를 보게 하려면 교사의 지도와 도움이 필요하다. 수업시간에 문제 상황을 제시하고 이를 해결하는 과제를 주거나 질문을 강화하는 수업전략을 이용하면, 학생들은 의사결정이나 우선순위 결정, 정보 체계화 등을 담당하는 뇌 영역을 더욱 많이 사용하게 될 것이다. 또한 문제해결 과제나 질문 강화 전략은 어떤 행동이나 의사결정을 했을 때 이것이 어떤 결과를 불러올지를 예측하고 이해하는 데도 도움이 된다.

십대들은 오랫동안 노력하면 결국 보상을 받는다는 사실을 알지 못하거나 인식하지 못할 수 있기 때문에, 교사가 칭찬이나 상처럼 외적인 동기를 단기적으로 부여해주는 게 필요할 때도 있다. 또한 교사는 학생들의 사전지식을 불러일으키는 동시에, 학생들이 현재 옳다고 생각하는 개념과 가치관, 견해들을 관찰할 수 있도록 돕는 수업전략과 기법을 개발해야 한다. 십대들은 학교에서 배우는 모든 것이 세상에 대한 우리의 생각과 관점, 가치관과 맞닿아 있다는 것을 반드시 이해해야 한다. 이렇게 세상을 바라보는 관점을 배워나가는 과정은 고등사고능력을 습득하게 되는 십대 후반 정도까지 조금씩 천천히 일어나게 된다. 그러므로 십대들이 애초에 잘못 이해하고 있거나 제대로 이해하는 것을 어려워할 경우, 교사가 나서서 학생들이 각자 자신의 지식체계를 구성해 나갈 수 있도록 학습을 이끌어주고 도와주어야 한다.

구성주의 교육 수업전략

문제해결 중심 학습은 교실에서 구성주의 교육을 실현하는 효과적인 방식이며, 실제 상황을 충실히 반영하고 체험적이며 유의미한 학습을 구성하는 데 매우 적합한 수단이다.([표 4.2] 참조) 그 외에 구성주의 교육의 범주에 포함되는 교수법으로는 서비스러닝(Service Learning), 개념 획득 이론(Concept Attainment Model)과 같은 귀납적 교육, 통합과목 단원, 워크숍 교수법 등이 있다.(이들 개념에 대한 설명은 p.196 용어해설 참조) [표 4.3]은 구성주의 교육을 적극적으로 실현하는 전략 및 교수법을 담고 있다.

표 4.2 구성주의 교육: 문제해결 중심 교수법

- 교사가 어떤 질문이나 문제를 던지는 것으로 학습을 시작하여 학생들이 그 문제에 몰입하도록 만든다. 학생들은 그 문제가 자신과 관련이 있다는 것을 파악할 수 있어야 한다.
- 교사는 학생들이 문제를 이해하고, 브레인스토밍 활동을 통해 가능성 있는 해결 방법과 행동 계획을 모색하도록 돕는다.
- 교사는 학생들이 핵심이 되는 질문들을 파악하고 신빙성 있는 정보 출처 및 정보 수집 방법을 알아내도록 돕는다.
- 학생들은 조사를 실시하고 정보를 수집한다.
- 교사는 학생들이 선택 가능한 사항들을 재검토하고 조사 결과에 기반하여 행동 계획을 새로 수립하도록 돕는다.
- 학생들은 행동 계획을 실행에 옮긴다.
- 교사는 학생들이 학습과정 및 의사결정 과정을 돌아보고 결과를 자율적으로 평가하도록 돕는다. 이 과정에서 새로운 질문들과 행동 계획이 나올 수 있다.

표 4.3 구성주의 교육을 실현하는 전략 및 교수법

전략 및 교수법	목적 및 유용성	활동 예시 및 설명
동기유발 활동 및 선행조직자 (Activators and Advance Organizers)	학생의 사전지식을 확인하고, 뇌를 집중시켜 학습동기를 불러일으킨다.	**교실 모퉁이 질문**(Four Corners): 교사가 질문을 던지고 네 개의 답안지를 교실 네 모퉁이에 게시하면, 학생들은 선택한 답에 해당하는 모퉁이에 가서 선다. **단어 흩뿌리기**(Word Splash): 새 단원과 연관된 단어나 용어들을 종이 위에 무작위로 배열하여 화면에 비추거나 자료로 배포한다. **사전지식 확인**(Class Continuum): 새 주제에 대해 '잘 안다'와 '거의 모른다'를 양 끝으로 하는 연속선을 주고, 학생들이 그 연속선상에서 자기가 해당하는 위치를 표시하게 한다. **상상해보기**(Picture This): 아주 독특하거나 논란거리가 되거나 호기심을 유발할 만한 시각 자료를 사용하여 학생들이 새 단원에 대해 관심을 갖도록 유도한다.
학생 주도 전략 (Student Start-Ups)	학생에게 학습 주도권을 주어, 새로운 주제나 단원을 시작할 때 학생들을 직접 참여시킨다.	학생 서너 명이 한 조가 되어 다음 주제나 단원에 대해 조사한 다음, 그 단원을 소개하고 배경지식을 제공하는 역할을 맡는다.
그래픽 오거나이저 (예: 개념지도, 아이디어맵, 마인드맵)	학생들이 새로운 학습과 기존 학습을 요약·정리하고 시각적으로 구조화하며 학습하도록 한다.	학생들에게 지구과학 단원의 시작, 중간, 종료 시점에 '지구의 침식작용'이라는 제목의 아이디어맵을 구성해 나가도록 한다.

사례 연구 및 역할극 (Case Studies and Role Playing)	학생들에게 실생활에서 있을 수 있는 상황과 역할을 제시하고, 이를 경험하게 한다.	가령, 생물 시간에 학생들은 '전염병 탐정' 역할을 하면서 역사 자료를 통해 전염병이 어디에서 발생해서 어떻게 퍼졌는지를 조사하고, 확산 원인에 대한 이론을 수립해본다.
서비스 러닝 (Service Learning)	학교에서 학습한 것을 지역사회 관련 프로젝트에 구체적으로 적용하여 공동체 의식, 시민 의식, 책임 의식 등을 함양한다.	생물 시간에 학생들은 하천에 서식하는 물고기 종의 통계를 기록하면서, 이를 통해 지역 하천 복구 프로젝트를 실시하기 전과 후의 하천 상태를 비교해본다.
본질적 질문 (Essential Question)	학생들이 학습주제의 핵심을 파악하여 핵심에 집중할 수 있게 한다. 당면 문제 안의 상호연관성을 이해하게 해준다. 학생들의 이해의 지평을 확장한다.	위긴스와 맥타이(Wiggins & McTighe)에 따르면, 질문은 '이해를 향한 출입문'이라고 한다. '본질적인 질문'은 특정 주제의 핵심에 닿게 하며 여러 중요한 쟁점과 문제들을 제기하도록 하는 역할을 한다. 본질적 질문을 기본 구성틀로 삼아 특정 단원의 주제를 학습함으로써 학생과 교사 모두 핵심에 집중하고 탐구 방향을 제대로 설정할 수 있다. 이 방법은 또한 학생들의 이해의 폭을 넓혀줄 것이다.
워크숍 교수법 (Workshop)	학생들은 교사의 지도 아래 토론과 피드백을 통해 여러 학습기술을 익히고 연습할 수 있는 기회를 갖는다.	학생들은 교사의 지도하에 역사 탐구 프로젝트를 진행하면서, 지역의 역사에 대해 자료를 조사하고 이를 정리하는 기술을 배우게 된다.

개념획득 및 개념형성 전략 (Concept Attainment and Concept Formation)	개념이나 의미를 파악하기 위해서 학생들은 주어진 정보 안에서 공통적인 특성이나 패턴을 발견해야 한다. 학생들이 추상적인 개념을 귀납적인 방식으로 이해할 수 있게 한다.	**브루너(Bruner, 1966)의 개념획득 이론**: 교사가 특정 개념의 사례들과 사례가 아닌 것들을 여러 개 보여준다. 학생들은 그 개념을 이루는 공통점이나 규칙을 발견하고, 새로운 사례를 추가하거나 개념을 새로운 상황에 적용해 보며 이해를 넓혀 나간다. **타바(Taba, 1967)의 개념형성 전략**: 브루너의 전략과 유사하지만, 여기서는 학생들이 특정 개념에 해당하는 자료를 수집하고 이를 분석·분류하여 그 개념에 관한 일반화된 규칙을 도출한 다음, 그 규칙을 데이터에 적용해 본다. 이 과정을 통해 학생들이 해당 개념을 잘 이해하고 있는지 볼 수 있다.
참 평가 (Authentic Assessment)	학생들이 학습의 최종 목표를 파악하게끔 하고, 그 목표를 이루기 위해 노력하는 학생들에게 피드백을 제공한다.	**학습일지**: 학생들이 학습목표를 세우고, 그 목표를 이룬 과정을 기록해 나간다. **학습 성찰일지**: 교사가 던지는 다양한 질문과 생각거리를 이용하여 학생들이 무엇을 배웠고 어떤 학습방식을 이용했는지 돌아본다. **개인 성장 포트폴리오**: 학생들은 단원 수업 과정에서 자신의 이해력과 학습수준이 향상되었음을 보여주는 학습 결과물을 직접 선택하여 포트폴리오를 만든다.

※위의 학습전략과 접근법들은 본 책 196쪽 '용어 해설'에서도 확인할 수 있다.

오래된 학교 보존하기

아래 사례를 읽으면서 다음 질문에 대해 생각해 보자.

1. 교사는 한 학생이 관심을 보인 내용을 바탕으로 어떻게 실제적인 학습경험을 이끌어 낼 수 있었을까?

2. 사례에 나온 교사의 역할은 전통적인 사회 교과 선생님과 어떤 면에서 다른가?

3. 이 사건이 반 아이들에게 강력한 학습경험이 될 수 있었던 요인은 무엇인가?

4. 여러분의 학급에서 이런 교수 · 학습법을 활용할 수 있는 상황을 찾는다면 어떤 것이 있을까?

어느 월요일, 한 학생이 잔뜩 화가 난 얼굴로 사회 수업에 들어왔다. 교사가 무슨 일이 있냐고 묻자, 학생은 시(市)에서 자신이 졸업한 초등학교를 시설이 낙후되었다는 이유로 철거하려 한다는 사실을 아버지에게 전해 들었다고 한다. 반 친구들 중 대다수가 그 초등학교를 졸업했고, 그 학생의 부모님은 물론이고 할머니도 그 초등학교를 졸업했다. 학생은 학교가 낡았다는 이유로 건물을 허물어 버리는 것은 너무하다며 슬퍼했다. 교사는 반 아이들의 관심이 철거 위기에 놓인 초등학교에 집중되는 이 상황을 학생들에게 문제해결 중심 학습을 알려줄 수 있는 절호의 기회로 보았다. 학생들은 이 상황을 두고 역사적인 사실을 연구해볼 수도 있고, 동시에 지방자치단체의 의사결정 과정도 살펴볼 수 있을 것이다. 교사는 학생들에게 이 사안에 대해 좀 더 깊이 살펴보는 것이 어떻겠냐고 물었고, 학생들은 이 프로젝트를 해 보기로 의견을 모았다.

학생들은 교사의 도움을 받아 그래픽 오거나이저(graphic organizers)를 활용하여 문제를 좀 더 정확하게 규명하고자 했고, 브레인스토밍을 통해 어떤 식으로 연구할지 서로 의견을 주고받았다. 교사는 학생들이 이 문제에 관해 이미 알고 있는 내용을 재검토하고, 가능성이 있는 해결 방안을 표로 만들어 최선의 조치라고 생각되는 행동방안을 찾고, 추가로 필요한 정보는 무엇이 있을지 생각해 볼 수 있도록 수업을 이끌었다. 또한 다음 질문들에 대해 깊이 생각해 보도록 했다. "시에는 어떤 사람들이 일하는가?" "시에서 오래된 학교 건물을 철거하려는 이유는 무엇인가?" "오래된 학교 건물을 보존할 가치가 있는가?" "건물을 다른 용도로 쓸 수 있는 가능성은 없을까?" "실질적으로 최종 결정을 내리는 사람은 누구인가?" "우리가 이 의사결정자들에게 영향력을 행사할 수 있는 방안은 무엇인가?" 학생들은 이 초등학교에 대한 정보를 수집하면서, 다른 오래된 건물들의 보존 현황에 대해서도 조사할 필요가 있다는 것을 깨달았다. 그리고 곧 몇몇 학생들이 오래된 건물을 문화재로 지정할 수 있다는 사실을 알아냈다. 교사는 학생들에게 새로 알게 된 사실이 전에 확인한 해결 방안에 부합하는지 신중히 검토해 보도록 했다. 학생들은 관심의 초점을 조정할 필요가 있다는 데 의견을 모았다. 이들은 건물이 문화재 지정 승인을 받으려면 우선 문화재로 지정될 수 있는 건축물의 유형이 무엇이고, 그 건물이 얼마나 오래되어야 하는지, 누구를 설득해야 하며 어떤 절차를 밟아야 하는지 등의 정보를 파악해야 한다는 결론을 내렸다. 학생들은 교사의 도움을 받아 이 초등학교가 문화재로 지정될 수 있는 가능성이 있는지, 문화재 지정을 받으려면 어떤 절차를 밟아야 하는지 등을 판단하는 데 필요한 사항을 정리했다. 이 조사 과정에서 반 학생들은 지역 신문 기고 캠페인, 지역 주민 설문 조사 등을 전개하고, 지역 정치인과의 만남도 가졌다. 그러자 급기야 지역 TV 방송에서도 이 문제에 관심을 보였다. 몇 주 후, 학교 건물 철거계획이 연기되어 두 달 후에 시 의회에서 다시 논의할 예정이라는 뉴스가 들려왔다. 반 학생들은 철거 계획을 결정하는 시 의회의 회의 시간에 이 문제에 대해 발표할 수 있는 기회를 달라고 의회에 요청했고, 마침내 허락을 얻어 냈다. 학생들은 옛 학교 건물을 보존하기 위해서 시 의회를 설득하는 데 어떤 정보가 필요하고, 어떤 식으로 발표해야 할지를 브레인스토밍을 통해 구상하였다. 이 문제가 프로젝트의 새로운 초점이 되었다.

교사는 프로젝트가 진행되는 동안 학습한 내용을 성찰할 수 있는 기회를 자주 마련하였다. 학생들은 자신의 관점이 어떻게 변했는지를 확인하고, 조사 활동이 의사결정에 어떻게 영향을 미쳤는지를 기록해 나갔다. 교사와 학생들은 너나 할 것 없이 이 프로젝트가 이제까지의 사회 수업 중에서 최고였다고 입을 모았다.

5장

뇌친화적 수업원리 02
각자의 성향과 특성을 고려하라

십대들의 학습방식은 다양하다. 이 말은 다음의 두 가지 의미를 함축하고 있는데, 먼저 지능은 다중적이기 때문에 학생들마다 지능을 서로 다른 방식으로 드러낸다는 것이고, 또 하나는 뭇 사람들처럼 십대 역시 무언가를 배우는 방식이나 스타일이 모두 다르다는 것이다.

> **인간의 뇌는 모두 다르며, 각자 다른 방식으로 배운다.**

지능에 대한 관점

지난 20여 년 동안, 수많은 학자와 이론가들은 거의 한 세기 동안 널리 받아들여졌던 지능이론에 대해 전반적으로 반박해 왔다. 이전에는 지능이 유전적인 요인으로 결정되기 때문에 쉽게 측정할 수 있고, 수치로도 보여줄 수 있다고 생각했다. 또한 지능은 주로 수리능력이나 언어능력처럼 한정된 일부 능력만 측정할 수 있고, 태어난 이후에는 지능이 변하지 않는다고 생각했다. 하지만 1980년대를 기점으로 여러 저자와 연구자들이 이러한 기존 통념에 대해 의문을 제기하기 시작했다. 이들 중에서도 가장 앞장서서 새로운 지능이론을 주장했던 리우번 퓨어스타인(Reuven Feuerstein)은 1980년 자신의 저서에서 지능은 타고날 때 고정되는 능력이 아니라 과거의 학습과 경험에 따라 달라지는 능력이라고 말한 바 있다. 그 외에도 여러 연구자들이 이러한 견해를 지지하고 지능이론을 보완해 왔다(Costa, 1995; Sternberg, 1985; Perkins, 1986; Gardner, 1983). 그중에서도 심리학자 하워드 가드너(Howard Gardner)는 무엇이 인간의 지능을 구성하는지에 대한 개념을 넓히는 데 독보적인 역할을 했다. 그는 1983년 자신의 저서 『지능이란 무엇인가(Frames of Mind: The Theory of Multiple Intelligence)』에서 지능이 여러 측면을 지니고 있으며, 다양한 방식으로 드러난다고 주장했다. 이후 1995년 대니얼 골먼(Daniel Goleman)의 정서지능에 대한 연구와 코스타(Arthur L. Costa)의 지능에 따른 행동 특성 연구 등이 이어지면서, 가드너의 다중지능 이론이 더욱 확장되었다.

그리하여 오늘날에는 지능이 다면적이어서 수치화하기 쉽지 않다는 생각이 널리 받아들여지고 있다. 지능은 문제를 해결하는 과정에서 가장 잘 드러나며, 지능을 측정하고자 할 때는 실제 상황과 좀 더 비슷한 상황에서 측정하는 것이 좋다. 또한 지능은 태어날 때 그대로 고정된 것이 아니라, 살아가는 동안 계속 변할 수 있다. 이처럼 사람마다 뇌가 다르고 학습과 경험을 통해 지능이 변하기 때문에, 오늘날 지능이라는 개념은 각자의 학습 역량을 이해하거나 사람들의 학습방식이 얼마나 다양한지를 이해하는 데 사용된다. 지능에 대한 이러한 관점이 [표 5.1]에 정리되어 있다.

표 5.1 지능에 대한 오늘날의 관점

- 뇌는 사람마다 모두 다르다.
- 지능은 여러 가지 차원에서 생각해 볼 수 있으며, 다양한 측면이 있다.
- 지능은 쉽게 측정하거나 수치로 나타낼 수 없다.
- 지능은 다양한 방식으로 드러난다.
- 지능은 살아가는 동안 계속 발달하며, 변할 수 있다.
- 지능을 측정하는 가장 좋은 방법은 실제 상황에서 벌어진 문제를 어떻게 해결하는지를 관찰하는 것이다.

학습양식

학생들의 학습성향이 저마다 다르다는 사실을 교사들이 인식하게 된 것은 아마도 교육학계에서 학습양식에 대한 연구가 이루어지면서부터였을 것이다. 학생들마다 배우는 방식이나 성향이 다르고, 제각기 선호하는 특정 학습양식이 있다는 것은 이제 교육계에서는 일반화된 사실이다. 1970년대 이래로 교육학과 심리학 분야의 수많은 연구자가 다양한 학습양식 및 학습양상에 대한 모형을 개발해 왔다(Briggs & Myers, 1977; McCarthy, 1980; Gregorc, 1979; Dunn & Dunn, 1993; Hanson & Silver, 1998). 여러 가지 모형 중에서도 1984년 교육컨설턴트 샌디 르덴벡(Sandi Redenback)이 만든 '트루컬러(True Colors)'라는 학습양식 모형이 가장 널리 이용되고 있다(Redenback, 1984). 연구자들은 학습자의 성격과 함께 학습자가 과제를 어떻게 바라보고 상호작용하는지를 분석할 뿐만 아니라, 학습자가 학습과정을 어떻게 수행하는지를 중점적으로 분석한다.

> 학습양식은 학습자가 어떻게 학습하는지를 여실히 보여준다. 즉, 개인에게 맞는 가장 좋은 학습법을 설명해주는 것이다.

　학습양식은 인지 · 정서 · 성격 · 생리적 측면에서 뚜렷하게 구별되는 행동이나 특질이다. 개인마다 고유한 학습양식이 있기 때문에 이를 통해 학습자가 학습상황에서 어떤 반응을 보일지 예측할 수 있다. 그런 점에서 학습양식이란, 학습자가 자신이 가진 학습능력을 사용하는 데 있어 선호하는 방식으로 볼 수 있다. 이는 학습자가 학습에 임하는 태도를 실제적으로 설명해 준다. 여기서 명심해야 할 점은 어떤 학습양식에 대해 좋고 나쁨을 말할 수는 없다는 것이다. 학습양식은 단지 있는 그대로 봐야 한다. 학생들의 학습양식은 어떤 것이든 타당하고 가치가 있으며, 교사는 그 진면목을 볼 수 있어야 한다. 학습양식은 한 사람의 성장 과정에서 진화하고 변화하므로 이를 절대 변하지 않는 특징으로 여겨서는 안 된다. 학습양식은 상황에 따라 달라지기도 한다. 예를 들어, 한 학생이 국어 시간에 보이는 행동(학습방식)은 운전면허 시험공부를 하거나 농구시합 전략기술을 배울 때와는 전혀 다를 수 있다.

> 학습양식에 대해 무엇이 좋고 나쁜지를 말할 수는 없다. 학습양식은 단지 있는 그대로 봐야 한다!

　교사들도 누구나 각자 선호하는 학습양식이 있기 마련이다. 따라서 대부분 각자의 스타일대로 가르치기 마련이라는 점을 기억해 두어야 한다. 안타깝게도 이런 이유 때문에 교실에서 중대한 문제가 일어날 수도 있다. 마이크 휴스(Mike Hughes)는 자신의 저서 『Closing the Learning Gap(학습격차 줄이기)』, (1999)에서 평범한 교실에 앉아 있는 학생들 중 3분의 2 정도는 교사와 다른 학습양식

을 가지고 있다고 봐도 무방하다고 말한다. 일부 학생이야 자기가 선호하는 학습
양식에 얽매이지 않고 교사의 스타일에 따라 적응하고 배우는 것이 가능하겠지
만, 어떤 학생들에게 이것은 매우 어려운 일이다. 특히 운동지능 성향의 학습양
식을 선호하는 학생들은 다른 학습양식에 적응하는 것을 유난히 어려워한다. 교
사가 교실에 있는 학생 모두에게 효과적인 학습이 이루어지도록 도우려면, 학생
들의 학습양식뿐만 아니라 교사 본인의 학습양식에 대해서도 잘 알아야 한다.
『Beyond Monet: The Artful Science of Instructional Integration(모네를 넘어서:
교수학습적 통합의 기술)』의 저자들은 교사들에게 학습양식에 대한 정보를 제공하면
교사들은 학생들이 어떻게 배우는지를 더욱 폭넓게 이해하게 되며, 학생들을 학
습에 참여하도록 이끌기 위해 다양한 수업전략을 개발하게 될 것이라고 말했다.
즉, 교사들이 학습양식에 대해 잘 알고 있으면, 다양한 학습방식을 지닌 학생들을
좀 더 유연하게 가르칠 수 있다는 것이다(Bennett & Rolheiser, 2001).

뇌친화적 수업, 어떻게 할까
: 각자의 성향과 특성에 맞춰 가르치자

십대들의 뇌에 숨은 능력을 끌어내려 한다면, 학생들 각자의 학습양식에 따라 가
르쳐야 한다는 사실을 반드시 명심하기 바란다. 신경과학자들은 어떤 일을 얼마
나 경험하느냐에 따라 뇌의 성장과 발달이 달라진다는 생각에 대부분 동의하며,
인지과학자들은 지능이 고정된 것이 아니라 살아가는 동안 계속 변한다고 분명
하게 말한다. 전 생애기간 중에서 청소년기는 뇌와 지능이 발달하는 데에 매우
중요한 시기이다. 신경과학자 해리 추거니(Harry Chugani)와 찰스 넬슨(Charles
Nelson)에 의하면, 청소년기의 경험이 뇌의 시냅스를 더욱 풍부하게 만들어 뇌를
발달시킨다는 사실은 의심할 여지가 없다고 한다. 또한 제이 기드(Jay Giedd)는

청소년기에 어떤 환경에서 어떤 활동을 경험하느냐에 따라 뇌의 성장과 발달이 달라질 수 있다고 말한다(Strauch, 2003).

> **십대들의 뇌는 '사용하라, 그렇지 않으면 사라진다'는 원리에 따라 발달한다.**

연구자들은 뇌의 발달에 매우 중요한 청소년기에는 뇌가 발달하는 과정에서 '사용하라, 그렇지 않으면 사라진다.'라는 원리가 작용한다고 말한다. 즉, 경험을 통해 반복적으로 사용되어 활성화된 뇌 영역(각 뉴런과 시냅스)은 뉴런 간의 연결이 점점 강화되고 정보 소통의 효율성이 높아지기 때문에 '가지치기'를 당해 제거될 가능성이 낮아진다. 제이 기드는 미국 PBS 방송국의 다큐프로그램 〈십대의 뇌〉에서 이 점을 생생하게 표현한 바 있다. "만약 어느 십대 아이가 음악을 듣고, 스포츠 경기에 참여하고, 학과 공부를 한다면, 그런 활동에 관여하는 세포와 신경회로가 더욱 단단하게 연결될 것입니다. 마찬가지로 소파에 누워 시간을 보내거나, 비디오 게임을 하거나, 음악 케이블 방송(MTV)을 보고 있다면, 바로 그런 활동에 관여하는 세포와 신경회로만이 살아남게 되겠지요"(Fanning, 2002). 뇌는 이미 알고 있는 정보에 새로운 정보를 연결하여, 그 사이의 신경회로를 활성화시키면서 점점 영리해진다. 다시 말해서, 뇌가 한창 발달 중인 십대들에게 여러 다양한 학습 경험을 제공해주면, 여러 문제해결 과정 속에서 다양한 지능을 키워 나가면서 지적 역량이 강화될 것이다.

> **뇌는 이미 알고 있는 정보에 새로운 정보를 연결하여, 그 사이의 신경회로를 활성화시키면서 점점 영리해진다.**

교사들은 수업시간에 십대의 뇌가 개인마다 차이가 있으며, 각각 고유한 특징이 있다는 점을 잘 이해하고 가르쳐야 한다. 즉, 아이들은 저마다 능력과 지능이 다르며, 학습방식에도 차이를 보인다. 또한 뇌는 여러 가지 학습경험을 통해 감각 정보를 처리하는 과정을 거치면서 점점 이런 처리 과정에 능숙해지고 영리해진다. 따라서 교사들은 모든 학생이 자신의 지적 능력과 학습양식에 따라 해당 교과과정과 수업을 충분히 소화할 수 있도록, 학생들에게 다양하고 풍부한 학습경험을 제공해주어야 한다.

> 학생들의 다양한 지능을 고려하는 교수전략과 학습경험을 제공하고, 다양한 지능이 골고루 발달할 수 있도록 촉진하며, 학생들 각자 자신만의 지능 패턴을 발달시킨다는 사실을 인지하는 것은 교사들에게 매우 중요하다.

학습양식에 대한 책이나 연구논문을 보면 학생들이 어떻게 배우는지를 다시 한번 이해할 수 있게 된다. 교사들은 이런 문헌을 통해 학생들이 어떤 방식으로 학습하는지를 반드시 숙지해야만 한다. 이러한 지식을 바탕으로 학생들이 저마다 다양한 방식으로 학습한다는 사실을 깨닫고, 학생들이 어떤 과제를 힘들어할 때 그들이 그 과제를 효과적으로 수행할 수 있도록 도와주는 것이 교사의 역할이라는 사실을 인식해야만 한다.

하지만 이런 사실을 깨우치는 것만으로 끝이 아니라, 그 다음에 거쳐야 할 몇 가지 단계가 있다. 가장 먼저 해야 할 일은 학생들의 학습과정을 유심히 관찰한 다음, 학습양식 분류표를 이용하여 개개인의 학습양식을 분류하고, 이 정보를 학생들과 공유하는 것이다. 학생들 스스로 자신의 학습양식이 어떤지를 분석하게 하는 것은 학생들에게 매우 귀중한 학습경험이 된다. 이처럼 학생들이 각자 자신의 학습방식을 이해할 수 있도록 기회를 제공하는 것은 학생들의 자율적인 학습을 돕는 가장 효과적인 방법 중 하나이다. 학생들은 학습자로서 자신이 어떠한 사람인지를 알고 스스로의 장점과 단점을 살펴보면서, 자신에게 어떤 학습방법이 필요한지를 깨닫게 된다. 또한 학생들은 주변 다른 친구들의 행동에 공감하고, 각자의 학습방식을 존중하게 될 것이다. 마찬가지로 교사들도 학생들 각자의 학습방식을 존중하여, 수업시간에 자신이 선호하는 학습양식으로만 학생들을 가르치지는 않는지 자신의 교수·학습방식을 자세하게 검토해보아야 한다. 마지막으로 가장 중요한 것은, 교사가 수업시간에 활용하는 수업전략이나 학습과정을 다양화하여 누구나 자신의 학습양식에 맞춰 배울 수 있도록 학생들에게 충분한 기회를 제공해야 한다는 것이다. [표 5.2]에는 학생들이 자신의 뇌와 학습양식을 이해할 수 있도록 교사가 도움을 줄 수 있는 방안이 제시되어 있다.

표 5.2 학생들이 자신의 학습양식을 깨닫게 하는 방법

- 교사 스스로 다중지능과 학습양식에 관한 지식을 갖춘다.
- 십대의 뇌 특징과 학습할 때 뇌가 어떤 과정을 거치는지에 대해 가르친다.
- 다중지능과 학습양식에 대해 가르친다.
- 학생들에게 학습양식 분류표와 평가 기법을 제공하여, 학생들 스스로 자신의 지능과 학습양식을 판단하게 한다.
- 학생들 누구나 자신이 가장 선호하는 방식으로 학습할 수 있는 기회를 마련한다.
- 학생들이 자신이 선호하지 않는 학습방식에 도전할 수 있는 기회를 제공한다.
- 학생들의 지능이 다양한 방식으로 폭넓게 나타나는 것을 기뻐하고 축하해 준다.

십대 뇌의 잠재력을 발현시키기 위한 6가지 수업전략

1 학생들에게 다중지능과 학습양식에 대해 가르친다. 학생들이 자신의 강점과 능력, 학습양식을 확인하고, 그러한 특성이 학습에 어떤 영향을 미칠지를 스스로 생각해보도록 돕는다. 학생들이 자신이 가진 지능유형이나 학습양식을 특정 과제나 학습방식과 연결하여 쉽게 기억할 수 있도록 부르기 쉬

운 명칭과 식별 가능한 기호를 이용한다. 예를 들어, 다양한 지능 유형을 '음악지능', '신체지능', '단어지능'처럼 부르거나, 시각 위주의 학습활동을 '돋보기 모양 기호'로 표현할 수 있을 것이다.

2 교실에 있는 모든 학생을 대상으로 그들의 지능과 학습양식에 맞는 교수전략을 개발하여 학습경험의 기회를 계획적으로 제공한다.

3 여러 명이 하나의 학습과제를 완수하기 위해 협동하는 과정에서 자신에게 부족한 부분을 다른 조원들의 지능이나 학습양식을 통해 보완할 수 있도록 조별 학습활동을 구성한다.

4 학생들에게 다중지능이나 학습양식에 대한 자료를 모아 포트폴리오를 만들게 한다. 학생들은 포트폴리오에 다양한 지능과 학습방식을 보여주는 학습과제나 학습활동을 넣게 된다.

5 특정 단원이나 주제와 관련된 학습활동을 구성할 때, 다중지능 및 학습양식에 대한 정보를 제공하는 '학습센터'나 '과제 카드' 등을 활용하여 여러 가지 활동을 다양하게 제공한다. ('학습센터'에 대해서는 다음 장의 '수업 들여다보기'를 참고하기 바란다.)

6 다중지능과 학습양식을 계약 학습(Contract Learning)의 형태로 수업에 도입한다. 학습 계약을 위해 필요한 조건들을 먼저 정한 다음, 학생들은 혼자 혹은 둘씩 짝을 이루거나 소그룹을 구성하여 다양한 지능 유형과 학습양식이 필요한 학습과제를 완수하게 된다. (계약 학습이란 특정 단원의 평가기준을 충족

하기 위해 달성해야 하는 과제, 활동, 학습경험을 학생과 교사가 상호 합의하여 결정하는 학습전략이다. 자세한 내용은 본 책 196쪽 '용어 해설'을 참고하기 바란다.)

다양한 지능과 성향을 고려한 '학습센터'

아래 사례를 읽으면서 다음 질문들에 대해 생각해 보자.

1. '뇌친화적 수업원리 02'가 교사의 수업 계획에 어떤 영향을 주었을까?

2. 교사는 학생들이 다양한 지능 유형을 경험해 보고, 지능을 골고루 발달시킬 수 있도록 어떤 방법을 사용하고 있나?

3. 교사가 자신의 수업에서 이런 방법을 적용하려면 학생들에 대해 어떤 정보를 미리 알고 있어야 할까?

4. 효율적인 교수·학습과정을 위해 '학습센터'를 이용하는 이점은 무엇일까?

학생들은 지금 과학통합교과 중에서 기상학에 대한 단원을 배우고 있다. 학생들은 네 명씩 한 조를 이루어 수업을 듣는다. 교사는 한 조에 서로 다른 능력과 지능, 학습양식을 가진 아이들이 골고루 포함되도록 조를 구성했다. 교사는 아이들에게 조를 이런 방식으로 구성한 이유를 자세히 설명해주고, 다른 활동을 할 때는 학생들이 직접 자신의 조를 선택할 수도 있다는 사실을 말해준다. 교사는 4주 일정의 단원을 학습하는 데 이용할 일련의 '학습센터'를 만들어 둔다. 학생들의 조보다 학습센터의 수가 더 많기 때문에, 학생들은 언제든지 학습센터를 이용할 수 있다. 교사는 교실 앞에 안내판을 설치하고, 학습센터마다 서로 다른 색으로 표시된 색인카드를 안내판에 놓아 둔다. 각 조는 자신의 학습센터를 선정하게 되는데, 모든 조가 선정을 마치고 나면 안내판에서 각 학습센터에 해당하는 색인카드를 떼어내 학습센터가 사용 중이라는 것을 표시해 둔다. 학습 조는 자신들이 선택한 학습센터에서 제공하는 과제를 완료한 후에 안내판에 색인카드를 반납한다.

각 학습센터에는 네 가지 개별 과제가 배정되어 있다. 이 과제들이 중점을 두고 있는 교과내용은 모두 다르며, 각 과제마다 서로 다른 지능과 능력, 학습양식을 활용하도록 되어 있다. 각 조의 구성원들은 선택한 학습센터의 네 가지 과제를 1인당 하나씩 맡아 수행하게 된다. 모든 학생이 각자 자신이 맡은 과제를 완수하고 나면, 학생들은 각자 자신이 수행한 과제를 다른 조원들에게 알려준 다음, 각 조원들이 수행한 네 가지 개별 과제에서 나온 정보를 취합하여 요약한다. 모든 조가 각 학습센터의 과제를 완성하고 나면, 각 조는 자신들이 해결한 과제들을 훑어보며 최종 결론을 내려 요약본을 만들어야 하고, 모든 학습센터의 학습활동을 수행하면서 꼼꼼하게 기록해 둔 일지를 함께 제출해야 한다. 또한 교사는 단원 시작 전에 그 단원에 대한 과제를 평가하기 위해 필요한 채점표를 학생들과 함께 만들어 둔다. 채점표는 수행한 과제에 대해 교사와 조원 모두가 잘된 점과 부족한 점을 되짚어보고 평가할 수 있게 하는 항목으로 구성한다.

6장

뇌친화적 수업원리 03
패턴을 만들어 인식하게 하라

십대의 뇌는 주변 정보를 받아들일 때, 정보가 어떤 의미인지를 찾고 정보들 간의 연관성을 탐색하여 서로 연결하고 패턴을 만든다. 즉, 뇌는 서로 관련이 없어 보이는 단편적인 정보더미 안에서 어떠한 의미를 찾아 이미 알고 있는 지식과 연결하고 통합해내는 놀라운 능력이 있다. 물론 얼핏 보기에는 뇌가 감각정보를 순차적으로 받아들여 논리적으로 처리한다기보다는 무작위로 받아들이는 것 같다. 하지만 실제로 뇌는 새로운 정보를 연결할 일종의 패턴을 찾고 있는 것이다. 즉, 뇌는 우리가 이미 알고 있는 정보와 새로운 정보 사이의 패턴이나 연관성을 찾아내서 새로운 정보가 지닌 의미를 찾으려고 끊임없이 탐색한다. 또한 이전에 학습한 내용을 바탕으로 새로운 정보가 어떤 패턴을 만들지를 예상하기도 한다. 분명한 사실은 뇌에 새로운 감각정보가 들어온 순간, 뇌는 그 정보가 기존의 지식과 같은 것인지, 아니면 기존의 정보와 연결을 맺을 수 있는 정보인지를 순식간에 판단한다는 것이다. 이렇게 새로운 정보를 기존의 어떤 정보와 연결하여 패턴을 만들지를 예측하는 동안 새로운 정보를 받아들일 수 있는 문맥이 형성된다. 만약 이런 문맥이 만들어지지 않는다면, 뇌는 새로 받아들인 정보를 의미 없고 자신과 관련되지 않은 정보로 여겨 무시해 버릴 것이다.

> **십대들의 학습과정에서 뇌의 '패턴 만들기'는 핵심적인 부분이다!**

'패턴 만들기'는 뇌가 기존의 지식을 새로운 지식에 연결함으로써 새로운 기억을 생성하는(즉, 새로운 학습을 일으키는) 것을 돕는 것과 같다. 이러한 과정에 대해 제인 힐리(Jane Healy)는 "패턴 만들기는 이미 만들어져 있는 '지식 고리'에 새로운 정보를 연결하여 걸어놓는 것과 같다"고 설명한다(1994). 또다른 연구자는 "뇌는 패턴을 인식하고 그것을 생성하도록 설계되어 있으며, 무의미한 패턴은 받아들이려 하지 않는다. 여기서 '무의미한 패턴'이란 학습자에게 이해되지 않는 파편적인 정보이다"라고 말한다(Caine & Caine, 1994).

제인 힐리는 '패턴 만들기'를 뇌가 발달하는 과정에서 보이는 뇌의 타고난 특성이자 지능의 핵심요소로 보고 있다. 영·유아들의 경우 이것을 본능적으로 수행하기 때문이다. 가령, 언어 습득은 뇌가 달성해야 하는 가장 어려운 과제로 생각되지만, 그럼에도 불구하고 거의 모든 아이들이 모국어를 구사할 수 있다. 아이들은 주변에서 쉴 새 없이 들려오는 온갖 소리와 언어의 불협화음을 듣고, 그 안에서 패턴을 가려낸 다음, 최종적으로 그것을 자기 고유의 언어로 소화하여 말하기를 터득한다.

하지만 언어 정보가 결핍된 환경에서 자란 아이들은 뇌 발달과정 중에서 언어 습득과 관련되는 결정적인 발달 시기에 언어 패턴을 형성하지 못했기 때문에, 대개 일생 동안 심각한 언어 및 학습 장애를 겪는다. 뇌에 패턴 탐색 및 형성 영역을 계발하는 일은 아이들의 지적 발달에 큰 영향을 미치는 것으로 보인다. 학교에 들어가기 전이나 초등학교 저학년 때 정보 간의 연관성이나 패턴을 찾는 법을 배운 아이들은 고학년이 되어 새로운 정보를 응용하거나 분석하고, 취합해야 하는 고등 사고과정에서 우수한 수행능력을 보인다. 따라서 학교에서는 모든 학년의 학생들이 학습과정에서 정보의 패턴을 발견하고 구성할 수 있도록 수업시간에 충분한 기회를 제공해야 한다. "이상적인 교육이란 뇌에 특정 패턴을 강제로 주입하는 것이 아니라 뇌가 스스로 패턴을 만들어 낼 수 있도록 해주는 것이다"(Caine & Caine, 1994).

청소년기는 뇌의 패턴 구성 능력이 한층 더 발달하고, 정교해지고, 강화되는 결정적인 시기로 보인다. 청소년의 뇌는 여러 영역에서 수많은 신경회로가 만들어지고, 연결이 강화되고, 사용되지 않는 신경회로가 가지치기되는 과정을 거치면서, 점점 복잡하고 정교한 패턴과 연관성을 찾는 데 능숙해진다. 학부모나 교사들이라면, 십대들이 한동안 이해하기 힘들어하던 것을 어느 순간 "아하!" 하고 이해하는 것을 본 적이 있을 것이다. 마치 흩어져 있던 퍼즐 조각들이 마술처럼 단번에 맞춰진 것처럼 말이다. 이런 모습을 보이는 이유는 그들의 뇌가 문제를 이해하는 데 도움이 되는 패턴과 연결고리를 찾아냈기 때문이다. 하지만 이렇게 문제를 깊이 이해하고 해결하는 과정은 십대들의 뇌가 발달하는 과정에서 매우 점진적으로 일어난다. 즉, 이러한 과정은 다양한 학습경험을 통해 정보 간의 연관성을 파악하고 패턴을 인식하는 데 필요한 뇌의 신경회로가 충분히 발달하게 되었을 때 일어난다. 십대 뇌의 이러한 발달과정은 언어능력이나 대인관계 및 의사소통 능력, 수학적 추론, 구체적 사고에서 추상적 사고로의 전환 등 여러 방면에서 확인할 수 있다.

뇌친화적 수업, 어떻게 할까

: 패턴을 만들고 인식하는 능력을 길러주자

십대의 뇌에 패턴을 만드는 능력이 발달한다는 이론은 다음 두 가지 사실을 시사한다. 첫째는 어떤 학습을 하기 위해 필요한 요건이 준비된 정도를 의미하는 '학습 준비도(readiness)'라는 개념이 더 어린 아동들만이 아니라 십대들에게도 적용된다는 점이다. 가령, 추상적인 사고능력이 필요한 고난이도의 수학 문제를 해결하기 위해서는 추상적이고 상징적인 개념을 연결하여 패턴을 만드는 뇌 신경회로가 필요하다. 즉, 고등 사고능력을 통해 학습할 수 있는 준비가 되어 있어야 하는 것이다. 둘째는 학년이 올라갈수록 점점 복잡해지는 개념과 패턴, 개념들의 관계를 보여 주는 예시들을 충분히 마련해 놓고 다양한 방식으로 활용해야 한다는 점이다. 이러한 수업 활용자료들은 십대의 뇌가 효과적으로 패턴을 인식하고 구성할 수 있도록 신경회로를 구축하는 과정에 도움을 준다.

학생들이 어떤 의미 구조를 이해하고 깨닫는 과정은 개인 내면에서 일어나는 주관적인 과정이며, 이는 뇌가 새로운 정보의 패턴을 파악하고 기존의 지식과 연결관계를 맺을 때 일어난다. 학생들은 이러한 경험을 할 수 있는 기회가 많아야 한다. 또한 교사들은 학생들이 각자 스스로 의미를 구성하고, 정보 간의 패턴을 인식하고 만들어낼 수 있도록 교육방법과 수업전략을 새롭게 설계해야 한다.

활용할 만한 수업전략

뇌는 패턴을 만들어 내는 능력을 타고났기 때문에, 그러한 뇌의 특성에 맞춘 교수전략은 학습에 매우 효과적이다. 에릭 젠슨(Eric Jensen)은 『뇌 기반 수업(Teaching with the Brain in Mind)』,(1998c)에서 학습주제나 과목, 교수법 간의 벽을 허물고 통합적으로 접근하는 교육모형이 효과적이라고 제안한다. 이러한 교육모형은 교사와 학생들이 좀 더 다양한 학문 범위에서 주제와 연관성을 파악하도록 자극하기 때문이다. 이를 통해 학생들은 전혀 관련이 없는 것처럼 보였던 각 학문 영역들이 실제로는 서로 밀접하게 연관되어 있다는 사실을 깨닫게 되면서, 학습내용을 더욱 의미 있는 방식으로 깊이 이해하게 된다. 그 밖에 수업시간에 유용하게 쓸 수 있는 수업전략은 다음과 같다.

- 패턴화 기법 및 도구를 교실에서 적극 활용한다. 이런 기법에는 그래픽 오거나이저, 표, 그래프, 순서도, 과정 일람표, 일정표, 개념도, 마인드맵 등이 있다.
- 실생활과 연결할 수 있는 현장 체험학습 등을 활용한다.
- 학생들이 유추, 은유, 직유 등 여러 비교기법을 활용하여 자신이 이해한 내용을 설명하게 한다. 가령, 학생들에게 광합성이 공장의 제조 과정이나 제빵 과정, 혹은 여타의 작용과 어떤 면에서 유사한지 질문을 던진다.
- 학생들에게 여러 가지 패턴이나 비교 용례를 소개하고 이에 익숙해지도록 한다.
- 학생들이 비교·대조, 분류, 예측 등을 통해 연관성을 파악하게끔 하는 질문 기법([표 6.1] 참조)을 활용한다.
- 패턴을 표현하고 설명하는 기법으로서 미술과 공연을 활용한다. 예를 들어, 학생들에게 물의 순환 과정을 교실 바닥에 큰 도형으로 그리게 하거나 춤으로 표현하게 한다.
- 학생들이 자연에서 패턴을 찾아보고 인식하도록 유도한다. 곤충의 생애주기, 새소리, 식물의 생애주기, 생태계 등을 예로 들 수 있다.
- 학생들이 교실에서 다양한 교구와 재료를 활용하여 패턴을 구성하고 개념을 설명하도록 수업환경을 조성한다. 예를 들어, 수학 시간에 방정식을 풀거나

개념적인 내용을 설명하기 위해 알게 타일(Alge-tile)[2]을 비롯한 여러 가지 수학 교구를 활용할 수 있다.

표 6.1 패턴 만들기 능력 향상을 위한 10가지 질문

1. _____는 _____와 어떤 점이 유사한가?

2. 이것은 _____와 어떤 차이점과 유사점이 있는가?

3. 다음에 어떤 일이 일어날 것이라고 예측하는가?

4. 여기에서 어떤 패턴을 볼 수 있는가?

5. 이것들은 서로 어떻게 어울리는가?

6. 만약 _____와 같다면 어떤 일이 일어날 것인가?

7. 이것을 위한 규칙 한 가지를 만들어낼 수 있는가?

8. 이것들은 알맞은 순서로 배열되어 있는가? 그렇지 않다면, 이것들을 알맞은 순서로 배열할 수 있는가?

9. 이것은 _____와 어떤 관계가 있는가? 이것들은 모두 _____의 예시인가?

10. 이것 다음에 어떤 내용이 이어질 것인가?

---

2) 대수학 같은 추상적인 수학 개념의 이해를 돕기 위해 색깔 타일로 구성된 교구

패턴 형성 및 인식에 초점을 둔 시문학 수업

아래 사례를 읽으면서 다음 사항에 대해 생각해 보자.

1. 패턴을 만들고 인식하는 능력을 발달시키는 방법
2. 학생들이 패턴을 제대로 찾아냈는지를 평가할 수 있는 방법

중학교 2학년 시문학 수업시간에 아이들이 시의 운율 구조에 대해 공부하고 있다. 교사는 먼저 아이들에게 운율 구조가 왜 필요한지, 시에서 운율이 어떻게 표현되는지에 대해 간단하게 설명한다. 교사는 모든 아이가 시의 운율에 대한 개념을 이해할 수 있도록 아이들에게 여러 가지 예를 보여 주고 서로 이야기를 나누게 한다. 이를 위해 교사는 협동학습의 한 유형인 직소(jigsaw) 그룹 활동을 이용하기로 하고, 네 개의 행으로 이루어진 시를 이용하여 학생들을 각 그룹에 배정한다(직소 그룹 활동은 '뇌친화적 수업원리 09'와 책 말미의 '용어 해설'에 자세히 소개되어 있다). 학생들은 각각 시 한 줄이 적혀 있는 종이를 받아 서로 맞춰본다. 한 편의 시가 완성되면, 그 네 명이 하나의 '모(母)그룹'이 된다.

이렇게 구성된 모그룹에서 둘씩 학습 파트너를 정해 간단한 시 한 편을 선정하여 시의 운율 구조를 분석한 다음, 이를 나머지 구성원들과 공유한다. 그 다음 그룹의 구성원들은 각자 흩어져 다른 그룹의 구성원들과 '전문가 그룹'을 구성한다. 각 전문가 그룹은 여러 편의 시가 담긴 꾸러미를 받게 되는데, 그 시들은 하나같이 특정 운율 구조의 전형적인 특징을 보여 준다. 각 전문가 그룹은 시의 운율 구조를 분석하여 공통적인 패턴을 찾아내고, '운율 구조 목록'을 참고하여 각 운율

구조를 부르는 용어를 확인한다.

전문가 그룹이 이런 활동을 하는 동안, 교사는 각 집단을 돌아다니며 다음과 같은 질문을 던진다. "이 시의 운율 구조는 어떤 특징이 있나요? 이 시에 어떤 패턴이 있나요? 이 시가 그런 운율 구조를 보인다는 것을 어떻게 알 수 있나요? 꾸러미에 있는 시 중에서 운율 구조가 서로 유사한 것이 있었나요?" 이런 질문을 통해 교사는 학생들이 시의 운율 구조에 대한 패턴을 인식하고, 서로 다른 운율 구조를 구분할 수 있는지를 알 수 있게 된다.

학생들이 전문가 그룹 활동을 마치고 다시 모그룹으로 돌아오면, 각 모그룹은 교사가 나누어 준 그래픽 오거나이저를 이용하여 각 전문가 집단에서 다루었던 운율 구조 패턴과 문학 용어에 대해 간단하게 요약·정리 한다. 이 과제를 마치고 나면 교사는 각 모그룹에게 조금 더 복잡한 시를 새로 나누어 준다. 각 모그룹은 앞서 만든 그래픽 오거나이저를 이용하여, 그 시의 운율 구조와 패턴을 분석하고 구분해야 한다. 교사는 체크브릭(ChecBric)[3]을 이용하여 각 모그룹이 복잡한 시의 운율 구조와 패턴을 제대로 분류했는지를 평가한다.

---

[3] 르윈과 슈메이커(Lewin & Shoemaker)가 1998년에 개발한 평가 도구로서, 학생의 자율평가 목록(checklist)과 교사의 채점표(rubric)가 병렬적으로 구성되어 있다.

7장

뇌친화적 수업원리 04
양쪽 뇌를 모두 사용하게 하라

좌뇌와 우뇌, 혹은 양쪽 뇌 모두?

십대의 학습능력은 양쪽 뇌 반구가 모두 활발히 활동하고 있을 때 가장 좋다. 뇌의 사고영역인 대뇌피질(cerebral cortex)은 좌뇌와 우뇌로 나누어져 있다. 각 반구는 서로 다른 방식으로 작동하며, 처리하는 정보의 유형도 다른 것으로 알려져 있다[표 7.1]. 일반적으로 좌뇌는 분석 및 논리를 관장하는 영역이라고 하며, 단편적인 정보나 세부적인 정보를 일련의 순서에 따라 효율적으로 처리한다. 좌뇌는 이런 방식으로 읽기, 쓰기, 듣기와 같은 중요한 정보처리과정을 수행한다. 반면 우뇌는 직관 및 창의성과 관련되는 영역이라고 하며, 세부적인 정보보다는 전체적인 정보를 받아들이고 순서 없이 임의대로 처리하는 경향이 있다. 우뇌는 이런 방식으로 이미지나 색상, 음악, 공간양상 등의 감각 정보를 처리한다. 이처럼 좌뇌와 우뇌는 정보를 처리하는 방식이 서로 다르지만, 오늘날 밝혀진 바에 의하면 어떤 학습상황에서든 좌뇌와 우뇌가 정보를 긴밀하게 주고받기 때문에, 대부분의 학습과정에 양쪽 뇌가 모두 관여한다고 한다. 그러므로, "뇌의 각 반구에 특화된 기능이 있는 것은 분명하지만, 양 반구는 늘 함께 작동한다는 사실을 명심해야 한다"(Wolfe, 2001).

표 7.1 좌뇌와 우뇌의 특징	
좌뇌	**우뇌**
논리적·분석적	무작위 정보를 원활하게 처리
언어 지시에 반응	시범(demonstration)을 보고 따라하는 교수법에 반응
구조·체계 선호	개방성 선호
정보의 세부적인 부분 처리	정보의 전체적인 부분 처리
차이에 주목	유사성에 주목
의미 정보 선호 (단어, 사실, 수치, 데이터 등)	이미지, 색상, 그림, 공간양상 선호
순차적, 논리 정연한 방식으로 대상을 관찰하는 방식 선호	유동적, 즉흥적, 불확정적인 방식으로 대상을 관찰하는 방식 선호
대체로 내향적이며 감정 억제	외향적이며 자유롭게 감정 표현
분할하려는 성향(splitter): 인과관계, 예측가능성 파악 욕구	통합하려는 성향(lumper): 연결성, 유사성 확인 욕구

이렇게 양 반구를 연결짓는 뇌 부위를 뇌량이라고 하는데, 청소년기의 뇌 발달 과정에서는 특히 뇌량의 역할에 주목할 필요가 있다. 앞에서 언급했듯이 청소년기의 뇌에서는 뇌의 신경회로가 많아지고 수초화 과정이 일어난다. 여느 뇌 부위와 마찬가지로 뇌량에서도 신경회로의 두께가 증가하고 수초화가 활발히 일어나는데, 이 과정에서 양 반구 간의 연결강도가 크게 향상된다. 이처럼 양 반구의 연결강도가 좋아지면 학습과정에서 창의력과 문제해결력이 향상되는 것으로 보인다. 이런 사실을 바탕으로 생각해볼 때, 십대를 교육할 때 양쪽 뇌를 효율적으로

활용하게 하는 홀브레인 학습법(Whole-Brain Learning)으로 가르치는 것은 우리가 상상했던 것보다 훨씬 더 중요한 일일 수도 있다.

> **중·고등학교는 주로 좌뇌와 관련되는 학습활동과 경험을 강조한다!**

중·고등학교 수업에서는 예전부터 좌뇌와 관련되는 학습활동과 학습경험을 강조해왔으며, 교과내용이나 지도방식에서 읽기, 쓰기, 듣기를 통한 학습이 압도적으로 많았다. 이와 대조적으로 우뇌와 관련되는 학습활동은 소홀히 다루어졌다. 또한 이미 많이 알려진 대로, 학생들만이 아니라 교사들도 좌뇌와 우뇌 중에서 더 많이 선호하는 방식으로 정보를 처리하려 한다. 일반적으로 교사들은 좌뇌로 생각하고 언어적으로 전달하는 것을 선호하는 반면, 학생들 상당수는 우뇌로 생각하고 학습하는 것을 더 편하게 여긴다. 만약 교사가 자신이 선호하는 성향대로만 가르친다면, 그와 반대 성향인 많은 학생들에게는 학습에 도움이 되지 않을 것이다. 따라서 교사들은 수업을 할 때 학생들의 이런 상황을 제대로 알고, 좌뇌와 우뇌가 골고루 발달할 수 있는 '홀브레인 학습법'을 시도할 필요가 있다. 즉, 학습과정에서 뇌의 양 반구가 모두 활성화되어 서로 단단하게 연결될 수 있도록 수업시간에 다양한 학습활동과 경험 기회를 마련해주어야 한다.

뇌친화적 수업, 어떻게 할까
: 양쪽 뇌를 모두 사용하는 수업을 하자

교사는 학생들의 좌뇌와 우뇌가 골고루 발달할 수 있도록 가르쳐야 한다. 이때 좌뇌와 우뇌의 기능을 나누어 별도의 교수법을 만들기보다는 양 반구를 동시에 활성화할 수 있는 다양하고 풍부한 학습경험을 고안하는 것이 가장 이상적이다. 즉,

새로운 개념을 가르칠 때 학생들이 세부적인 부분과 전체적인 부분을 모두 이해할 수 있도록 전체적인 맥락을 그려주고 그 안에 세부적인 내용을 넣어 설명하는 것이 가장 바람직하다. 가령, 수학 개념을 가르칠 때 실생활과 비슷한 상황을 제시하고 그 안에 수학적인 개념을 접목하여 가르치는 식이다. 또한 홀브레인 학습에서는 읽기나 쓰기 활동을 할 때 시각 자료나 그래픽 요소(그림, 사진, 도식, 그래픽 오거나이저 등)를 종종 활용하기도 한다. 간단한 동작이나 신체 활동을 수업에 적용하거나 학생들이 직접 손으로 만지고 응용할 수 있는 조작교구(manipulative)를 이용하는 것도 양쪽 반구를 모두 활성화시킬 수 있는 좋은 방법이다. [표 7.2]는 홀브레인 학습을 위해 교사가 수업에 접목해볼 수 있는 몇몇 전략을 제시하고 있다.

홀브레인 학습 활용 수업전략

- 학생들에게 새로운 개념을 소개할 때 좌뇌와 우뇌 각각에 맞는 학습활동을 미리 고려하여 수업계획을 세운다.
- 전체적인 그림과 세부적인 내용을 차례대로 번갈아서 제시한다. (전체적인 그림은 숲이고, 세부적인 내용은 숲에 있는 나무와 같다.)
- 학생들이 학습내용을 거시적인 안목에서 보고 평가하도록 이끌어주는 학습활동을 제공한다. 여기서 거시적인 안목이란 학습내용이 학생 자신의 삶에 어떻게 적용되며, 어떻게 연결되는지를 폭넓게 생각해보는 것을 말한다.
- 새로운 개념과 정보를 다양한 관점에서 제시해주면, 학생들은 뇌의 양 반구를 모두 활용하여 여러 각도에서 생각해보게 된다.
- 학생들에게 어떤 기술을 가르칠 때는 교사가 설명한 직후 그 기술을 바로 실생활에 적용해보게 한다.
- 좌뇌와 우뇌 모두를 고려한 평가 방법을 고안한다. 이때 학생들에게 그들의 학습성과를 보여줄 수 있는 방법을 선택하게 한다. 가령, 뇌의 양 반구의 기

능과 역량을 모두 반영하는 수행평가(performance assessment)를 실시할 수 있다.

- 교수전략을 구성할 때 음악, 공연, 미술, 연극, 역할극 등 우뇌가 관여하는 활동을 반드시 포함시킨다.

표 7.2 교실수업에 홀브레인 학습을 적용하는 8가지 효과적인 방안

전략	적용사례
필기할 때나 요약할 때 글과 그림 활용하기	**'쓰고 그리기' 일지**(Write it and Draw it journal): 기록하는 공간이 2단으로 구성되어 있어, 왼쪽 단에는 배운 내용을 글로 기술하고 오른쪽 단에는 왼쪽 단의 내용을 그림이나 도식으로 표현한다. **네 칸 요약**(Four Square Summary): 그래픽 오거나이저의 일종으로 네 개의 정사각형 칸으로 이루어진다. 첫째 칸에는 설명할 아이디어나 용어, 개념을 적는다. 둘째 칸에는 아이디어를 그림으로 표현한다. 셋째 칸에는 그 아이디어와 다른 아이디어 사이의 유사점과 차이점을 적는다. 마지막 칸에는 그 아이디어가 개인적으로 어떤 의미가 있는지 관련성을 나타내는 도식을 그린다.
카드나 그림 분류하기	지금 배우고 있는 학습주제와 관련된 용어나 그림이 있는 카드 다발을 이용한다. 학생들은 카드를 여러 범주로 분류한 다음, 분류표에 그렇게 분류한 이유에 대해 기술한다.
회전목마 브레인스토밍 (Carousel Brainstorming)	교사가 교실 곳곳에 차트 용지를 여러 장 배치한다. 각 용지에는 핵심 질문이나 아이디어가 하나씩 적혀 있다. 학생들은 교실을 돌면서 각각의 차트에 자기 생각을 적어 나간다. 혹은 학생들은 가만히 있고 대신 차트 용지를 학생들에게 돌려서 쓰도록 한다. 생각을 글로 적거나 그림으로 그려보도록 한다.

마인드맵 (Mind Maps)	단어, 스케치, 기호 등을 사용하여 특정 아이디어나 개념에 관한 자신의 생각, 인식, 개념을 지도처럼 전개해 나간다. 색상을 이용하면 더욱 효과가 있다.
점진적 공개 (Slow Reveal)	특정 아이디어나 개념을 나타내는 그림이나 이미지를 스크린에 비춘다. 단, 영상을 가리거나 아주 조금씩 천천히 공개한다. 교사는 영상의 일부분이 공개될 때마다 힌트를 줄 수도 있다. 학생들 역시 영상이 조금씩 공개될 때마다 의견을 말한다. 이미지나 개념이 완전히 공개되면 학생들은 어떤 힌트가 가장 유용했는지, 어떤 부분에서 개념을 파악할 수 있었는지 설명한다.
속사 (Quick Draws)	어떤 제시문이 주어지면, 학생들은 제시문에서 말하는 개념을 어떻게 이해했는지를 단시간 내에 그림으로 그려서 보여준다. 예를 들어, 학생들에게 우리 나라, 또는 시·군·도를 가장 잘 표현하는 그림을 그려보라고 한다.
식탁매트 브레인스토밍 (Placemat Brainstorming)	각 조의 학생들(4명 정도)에게 대형 종이(가령, 40cm x 50cm 크기)를 나누어준다. 각 종이는 4개의 칸으로 나누어져 있고, 중앙에는 중심 질문이나 생각거리가 적혀 있다. 교사가 신호를 하면 학생들은 각자 자기 칸에다 1분 동안 질문에 대해 아는 내용을 최대한 적는다. 이어서 학생들은 각각의 답안지를 검토한 후 어느 답안지가 질문에 가장 근접한 답인지 결정한다.
한 단어 학습일지 (One-Word Journal)	특정 학습활동, 단원, 주제를 마친 후, 배운 내용을 복습하면서 학습주제를 가장 집약적으로 드러내는 단어 하나를 선택하고, 선택한 단어가 주제에 어울리는 이유를 단어장에 한두 문장으로 설명한다. 이해를 돕기 위해 간단한 스케치나 도식을 사용해도 좋다.

원예 수업에 적용한 홀브레인 학습 평가

아래 사례를 읽으며 다음의 질문에 대해 생각해 보자.

1. 교사는 뇌 전체를 활용할 수 있는 수업을 위해 어떤 전략을 사용하고 있나? 이런 전략을 여러분의 수업에 어떤 식으로 적용할 수 있을까?
2. 교사가 사용한 최종 평가방식은 어떤 점에서 홀브레인 학습으로 볼 수 있을까?

원예 기초반 수업을 듣는 학생들은 한 학기 동안 여러 가지 학습활동을 경험한다. 가령, 온실에서 하는 실험, 민간 묘목장 및 조경업체 방문, 자생종·외래종 식물에 대한 인터넷 조사, 다양한 정원 배치 모형 제작, 식물에 필요한 필수 영양소 계산, 식물 종에 대한 읽기·쓰기 과제, 조경 디자인, 온실 관리 등의 활동을 한다. 수업을 듣는 동안 학생들은 개별적으로, 혹은 둘씩 짝을 짓거나 소그룹을 구성하는 등 다양한 구성 단위로 학습할 기회를 갖는다. 학기말 평가는 3-4명으로 구성된 팀별 프로젝트 평가로 이루어지며, 각 팀은 교사가 지정해준 특정 부지에 대해 원예·조경 계획을 연구하고 이를 설계해야 한다. 프로젝트 최종발표는 구두 요약과 함께 'Z-차트'라고 하는 시각 자료로 내용을 보여주어야 한다. (Z-차트는 필자가 고안한 발표 도구이다. 두 장의 포스터 보드(poster board)를 이용하는데, 그중 한 장을 반으로 잘라 나누어진 두 조각을 나머지 한 장에 테이프로 단단히 고정하면, 커다란 'Z자' 형태로 세워 둘 수 있다. 학생들이 정보를 보여줄 수 있는 부분은 앞쪽으로 세 면, 뒤쪽까지 포함하면 모두 여섯 면이 된다.) Z-차트 상의 각 면에는 교사가 내준 과제항목들, 가령, ① 원 부지에 대한 지도와 간단한 설명, ② 디자인상의 문제점과 해결 가능성, ③

조경용 식수와 그 외 디자인 요소 제안, ④ 두 가지 조경 계획안, ⑤ 비용분석 중에서 한 가지 이상을 제시해야 한다.

교사는 수업시간에 학생들이 발표 준비를 할 수 있는 시간을 마련하고, 그동안 학생들 사이를 돌아다니면서 준비 과정을 지도한다. 교사와 학생들은 최종 결과물과 발표 내용을 평가할 수 있는 채점 기준표를 함께 만들고, 학기말에 2주 정도를 팀별 구두 발표 기간으로 정해둔다. 학생들은 구두 발표를 할 때 팀별로 만든 Z-차트를 주로 참고하게 된다. 또한 마을 주민과 가족을 초청하여 '원예 전시의 밤' 행사를 개최하고, 이때 모든 Z-차트를 학교 강당에 설치하여 프로젝트에 대한 질의·응답 시간을 갖는다. 프로젝트 발표 시, 파워포인트나 그 밖의 멀티미디어를 활용할 수도 있다.

8장

뇌친화적 수업원리 05
다양한 기억 경로를 강화하라

십대의 뇌는 정보와 학습경험이 최대한 많은 기억 경로를 통해 처리될 때 가장 효과적으로 학습한다. 기억과 학습은 서로 복잡하게 연결되어 있다. 펜실베니아주립대 의과대학의 키스 버너(Keith Verner)에 의하면, "뇌과학 연구를 교육에 적용할 때 가장 핵심적으로 살펴봐야 할 주제는 우리가 정보를 인지하고, 처리하고, 기억하는 방식"이라고 한다(2001). 기억 유형은 크게 단기기억과 장기기억으로 나뉘지만, 학습이란 사실상 정보를 장기기억에 저장하여 이후에 회상 및 인출이 가능하도록 하는 것을 뜻한다. 여기서 장기기억이란 어떤 실체가 아니라 하나의 과정이다. 장기기억은 뇌의 특정 부위에 저장되는 어떤 것이 아니라, 우리가 무언가를 맨 처음 배우게 되었거나 혹은 그 기억이 처음으로 굳어질 때 생성된 전기화학적 연결이나 경로를 뜻한다. 우리가 기억을 떠올리면, 그 기억이 형성될 때 만들어진 신경회로가 다시 만들어진다. 뇌 안에는 여러 가지 다른 유형의 기억 경로가 있는 것으로 보이며, 이런 기억 경로는 때로 신체에서도 발견된다. 또한 이런 기억 경로는 서로 다른 방식으로 만들어지고 회상되며, 기억 유형에 따라 그 과정이 상대적으로 수월하기도 하고 어렵기도 하다.

서술기억과 절차기억

신경과학 연구 문헌에는 여러 유형의 기억에 대한 설명이 나와 있다([표 8.1] 참조). 그 연구 결과를 토대로 살펴보면, 많은 연구자들이 장기기억을 크게 두 가지 유형으로 설명한다. 하나는 정보의 내용에 대한 서술기억(외현기억)이고, 다른 하나는 어떤 일을 실행하는 방법에 대한 절차기억(암묵기억)이다.

표 8.1 기억 경로의 유형

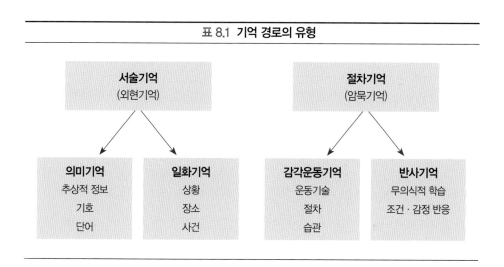

서술기억의 하위범주로는 의미기억과 일화기억이 있으며, 절차기억의 하위범주로는 감각운동기억과 반사기억이 있다. 일화기억은 직접 경험한 특정 사건이나 상황에 대한 기억으로, 가령, 첫 데이트에 대한 기억 같은 것을 말한다. 일화기억은 경험할 당시에 느꼈던 감정이 기억 속에 녹아 있기 때문에 기억 경로가 상세히 형성된다. 의미기억은 일반적인 지식에 대한 기억으로, 단어나 언어 등의 추상적 정보나 단편적 사실, 수치, 장소, 사물에 대한 기억을 말한다. 의미기억은 기억할 대상을 자주 되새기고 반복해서 떠올린다 해도 형성과 인출이 상당히 어렵다.

절차기억은 운동 기술을 습득하는 과정이나 자동적으로 조건화된 반응, 혹은 감정 반응과 연결된 기억을 말한다. 가령, 뜨거운 난로에 손이 닿았을 때 반사적으로 손을 떼는 것처럼 무의식적인 반응에 대한 기억이다. 절차기억은 만들어지는 데 오랜 기간이 걸리지만(자전거 타는 법을 배울 때를 생각해 보라), 한 번 체득한 절차기억은 강하게 형성되어 대개 의식적으로 노력하지 않아도 쉽게 떠올릴 수 있다.

> **기억 경로에는 적어도 네 가지 서로 다른 기억 경로가 있으며, 이는 서술기억에 해당하는 의미기억과 일화기억, 절차기억에 해당하는 감각운동기억과 반사기억이다.**

일반적으로 학생들은 학교에서 추상적 기호나 단어와 같은 의미 정보를 배우게 되는데, 이런 내용을 배울 때 가급적 일화기억이나 절차기억과 연결하여 배운다면 학습에 더욱 효과적일 것이다. 무엇보다 명심할 것은 기계적 암기나 단편적인 정보에 중점을 둔 교육은 뇌의 신경회로를 강화하거나 지속시키지 못한다는 사실이다. 왜냐하면 정보가 맥락 없이 주어질 경우 그 정보를 기존 지식과 연결하여 의미를 찾아내는 것이 어렵기 때문이다. 따라서 학습내용이 어떤 구체적인 상황 속에서 하나의 일화처럼 경험되거나, 감각운동 경로와 얽혀 절차기억으로 형성될 때, 학생들은 차후에 이러한 기억을 좀 더 쉽게 떠올리게 된다.

> **학습이 최대한 자주 일화기억이나 절차기억과 연결하여 이루어지도록 하라.**

청소년기 뇌는 발달하고 있는 중이므로 신경회로의 구조와 연결이 쉽게 변하며, 역동적으로 성장하고 있다는 점을 다시 한 번 상기하기 바란다. 이 시기에 신경회로는 서로 간의 연결을 단단하게 고착화하기 때문에, 학습과정에서 뇌의 모든 기억 경로를 활성화시켜 학습 잠재력이 최대한 발달할 수 있도록 다양한 경험 자극을 제공하는 것이 매우 중요하다.

> **학습이란 사실상 정보를 장기기억에 저장하는 것이다!**

학습과 기억

학습이란 사실상 다양한 감각 기관을 통해 받아들인 정보를 장기기억에 저장하는 과정이다. 이런 감각 정보들은 매순간 뇌 속으로 엄청나게 많이 쏟아져 들어온다. 만약 뇌가 이 정보를 모두 중요하게 여겨 받아들인다면, 뇌는 이 엄청난 양의 정보를 처리하는 일을 감당할 수 없을 것이다. 따라서 뇌는 이런 정보 중에서 어떤 정보를 받아들일지에 대해 나름의 방식을 갖고 있다.

　신경과학자들은 뇌가 어떤 감각 정보를 받아들이고 어떻게 처리할지를 결정하는 데 여러 단계의 기억이 관여한다고 주장한다. 패트리샤 울프(Patricia Wolfe)는 『Brain Matters: Translating Research Into Classroom Practice(뇌가 중요하다: 뇌과학 연구를 수업 현장으로)』에서 기억과 학습의 작동 원리를 설명하는 데 유용한 모델을 제시한 바 있다. 이 모델에 의하면 기억은 감각기억, 단기기억 혹은 작업기억, 장기기억의 세 단계로 구성된다. 우선, 뇌에 맨 처음 들어오는 모든 정보는 뇌가 그 정보를 어떻게 처리할지 결정하기 전까지 지극히 짧은 순간 동안 감각기억으로 저장된다. 그리고 뇌가 주목하고 있는 정보와 관련이 없거나 중요하지 않은 것이라고 판단한 거의 99퍼센트의 정보가 즉시 폐기된다. 따라서 상당수의 정보가 무의식적 혹은 반사적으로 처리되어 사라지고, 일부 정보만이 의식적인 주의를 받게 된다. 만약 뇌가 어떤 정보를 주의를 기울일 필요가 있는 중요한 정보라고 판단하게 되면, 그 정보는 단기기억 혹은 작업기억으로 이동하여 우리의 의식 영역으로 들어오게 된다. 이 작업기억 또한 매우 단기적이고 일시적이라, 불과 15초에서 20초 정도 지속되는 것으로 추정된다. 지속 시간이 짧기 때문에 뇌는 그 정보를 최종 결정을 내릴 때까지만 일시적으로 저장하고, 필요 없는 정보라고 판단될 경우에는 바로 폐기한다. 그렇게 하지 않으면 작업기억은 정보과다로 인해 효율성이 매우 떨어지게 될 것이다.

그러나 정보를 장기기억으로 저장하여 학습이 이루어지도록 하기 위해서는 받아들인 정보를 더욱 강화하고, 오래 유지하면서 기존의 기억 정보와 통합시킬 수 있는 전략이 있어야 한다. 이러한 전략을 통해 정보를 다시 되새기는 과정이 없다면, 정보는 다음 단계인 장기기억으로 이동하지 못할 것이고 결국 없어질 것이다. 이렇게 해서 뇌는 정보를 의식적으로 떠올리고, 숙달될 때까지 연습함으로써 정보가 뇌 속에 유지되는 시간을 늘린다. 또한 이러한 과정을 거친 후에 정보를 새로운 상황에 적용해보고, 정교하게 다듬으며 재구성하는 과정을 거쳐 정보를 장기기억으로 저장한다. 즉, 학습이 일어나는 것이다. 기억을 연구하는 학자들은 이 과정을 가리켜 '시연(rehearsal)'이라고 한다.

> 학습이 이루어지기 위해서는 정보를 더욱 강화하고, 오래 유지하면서, 기존의 기억 정보와 통합시킬 수 있는 전략이 있어야 한다.

시연 전략

정보를 오래 기억하기 위한 시연 전략은 수없이 많다. 그러나 일반적으로는 크게 기계적 시연(rote rehearsal)과 정교화 시연(elaborative rehearsal)의 두 가지 유형으로 구분한다. 기계적 시연이란 주어진 정보, 기술, 행동 등을 의식적으로 반복하는 것을 말한다. 이는 주소를 암기하거나 농구의 레이업슛을 익힐 때 흔히 쓰는 전략이다. 이러한 기계적 시연은 타자 연습이나 자전거 타기처럼 감각운동 기술을 자동적으로, 나아가 거의 무의식적으로 구사하려고 할 때 대단히 효과적이다. 그러나 이 방법은 안타깝게도 학교에서 가르치는 내용을 배우는 데는 그다지 유용하지 않다. 대부분의 학교 교과과정은 사실정보, 추상적 개념, 사물, 단어, 관념, 복합적 아이디어 등 의미기억을 통해 저장되는 정보에 중점을 두고 있다. 그러한 정보를 암기하듯 계속해서 반복 학습할 경우, 학습자는 그 정보를 단기간 기억할 수는 있겠지만, 진정한 학습의 증거인 장기기억으로 이어지지는 않는다.

> 정교화 시연 전략은 학습자들의 정보 이해 수준을 높이고 기억 보유 시간을 연장할 수 있도록 고안된 방안이다.

정교화 시연 전략

의미기억의 경로로 학교 교과 내용을 익히는 데는 두 번째 시연 유형인 정교화 시연 전략이 훨씬 더 효과적이다. 정교화 시연이란 '학습자들이 정보 이해 수준을 높이고 오래 기억하기 위해 정보를 정교하게 학습하도록 유도하는' 다양한 시연 전략들의 총합을 말한다(Wolfe, 2001). 이러한 전략들의 목표는 결국 정보에 의미를 부여하고 일종의 연관성을 찾아주는 것이다. 최상의 정교화 시연 전략은 홀브레인 학습에 기반한 것으로서 좌뇌와 우뇌를 모두 활성화하면서 다양한 기억 경로를 활용하는 것이다. 이러한 전략에는 시각적, 예술적, 창의적 기법을 읽기와 쓰기 과제에 접목시키는 활동이 포함될 수 있다. 그 외에도 신체 동작, 음악, 리듬 등이 통합된 활동을 마련하거나, 토론과 대화 시간을 충분하게 제공하는 방안도 있다. 또한 학생들에게 개인별, 또는 소그룹이나 반 선체 난위의 활동 등 다양한 규모의 활동 기회를 제공해야 한다. 정교화 시연 전략은 다방면의 교육 전략과 교수법을 포괄할 수 있으며, 또한 그렇게 이루어져야 바람직하다.

뇌친화적 수업, 어떻게 할까
: 다양한 기억 경로를 강화하는 수업을 하자

교사는 여러 학습경험이 조화롭게 구성된 교육과정을 계획하여 다양한 기억 경로가 형성될 수 있는 방식으로 가르쳐야 한다. 가령, 학습내용을 실생활과 연관 짓거나 조작교구를 이용한 체험활동을 제공해주면, 학생들은 학습내용을 일화기억이나 절차기억의 유형으로 받아들이게 되고, 뇌는 기존 정보와 새로운 정보를 연결하는 패턴과 신경 경로를 쉽게 구성하게 될 것이다. 즉, 학교에서 가르치는 일반적인 지식과 같은 의미 정보는 단편적으로 가르치기보다는 구체적인 상황과 맥락 속에서 가르칠 때 학습효과가 높다.

또한 학생들이 새로운 내용을 받아들이기 위해서는 복습 혹은 시연을 통해 정보를 충분히 되새겨야 한다는 사실을 명심해야 한다. 학생들은 자신이 배운 내용을 스스로 다시 떠올려보고 이를 기존의 지식과 연결할 수 있어야 새로운 지식을 오랫동안 기억할 수 있다. 이처럼 학생들이 학교에서 배우는 지식을 효과적으로 받아들이게 하려면, 교수 과정에서 다양한 정교화 시연 전략을 사용해야 한다. 의미 정보들을 단번에 배우는 사람은 흔치 않기 때문이다. 이에 대해 앤 데이비스(Anne Davis)는 다음과 같이 말한다. "학습에서 반복은 필수적이다. 두 번, 세 번 반복해야 학생은 자신이 무엇을 알고 있는지, 또 무엇을 알아야 하는지를 알게 된다. 학생이 학습하는 데는 반복적인 연습이 꼭 필요하다"(2000). 학생들은 대부분 다양한 시연 전략을 거쳐야만 교사가 목표로 하는 완전한 이해 수준에 도달할 수 있다. 새로운 정보를 한 번 가르쳐준 것만으로는 충분하지 않다. [표 8.2]에는 학생들의 이해력을 높여주는 12가지 탁월한 시연 전략이 제시되어 있다.

표 8.2 12가지 정교화 시연 전략

시연 전략	설명
1. 중요 단어/문구 (Key Word or Phrase)	교사가 특정 주제나 개념(예: 물의 순환, 민주주의)의 키워드 혹은 중요 문구를 제시하면, 학생들은 그 단어나 문구를 종이 왼편 가장자리에 크게 세로로 적는다. 그 다음 학생들은 각 글자로 시작하는 문구를 가로 방향으로 써서 내용을 구성해야 한다. 각 문구에는 큰 주제나 개념에 대해 이해한 내용을 담는다.
2. 노래 개사하기 (Piggyback Songs)	학습 개념이나 내용을 재미있게 가르칠 수 있는 훌륭한 수업전략이다. 익숙한 노래의 가사를 개사하거나 익숙한 멜로디에 가사를 붙여서 특정 내용이나 개념(예: 암석의 순환)을 가르친다. 학생들은 짝을 짓거나 반 학생들과 다 함께 노래를 부르면서 학습내용을 복습한다. 직접 가사를 쓰게 해도 학생들이 좋아할 것이다. 이 전략은 평가 도구로도 매우 유용하다.
3. 개념흐름도 따라 이동하기 (Kinesthetic Flow Charts or Diagrams)	이 전략은 특정 주제나 개념을 소개하거나 복습할 때 유용하다. 교실 바닥에 이름표와 화살표를 붙여 물의 순환이나 성장 단계 등 학습개념과 관련된 순서를 개념도로 나타낸다. 교사나 한 학생이 각 단계에 대한 설명을 읽을 때마다 학생들이 흐름도를 따라 이동한다.
4.상호 읽기 전략 및 상호 교수법 (Reciprocal Read and Teaching)	학생들이 둘씩 짝을 지어 하는 활동으로, 각 학생에게는 중요한 학습내용을 담은 한 장 분량의 읽기 자료를 나누어준다. 그 읽기 자료는 사전에 균등한 읽기 분량으로(예: 단락별) 나누어 둔다. 각 학생이 상대방에게 한 부분을 읽어주면, 상대방은 들은 내용을 자기의 언어로 전달하고 그 내용이 자기에게 어떤 의미가 있는지 설명한다. 역할을 바꾸어서 그 다음 부분을 진행한다. 전체 분량을 다 읽으면, 두 학생은 그래픽 오거나이저를 이용하여 전체 내용을 요약한다.
5. 1분 광고 (One minute commercial)	어떤 주제나 개념을 학습한 후에, 학생들은 조별로 배운 내용을 압축하는 1분 분량의 상품 광고 혹은 공익 광고를 만든다. 각본을 쓰고 리허설을 한 다음, 반 학생들 앞에서 발표한다. 준비 시간을 10-15분으로 제한하여 즉흥적이고 즉각적인 효과를 살린다.

6. 몸으로 표현하기 (Physical Modeling)	학생들은 주어진 개념(예: 고체, 액체, 기체 상태에서의 물 분자의 움직임, 지구의 공전에 따른 사계절의 변화)을 신체 동작이나 상황극으로 표현한다.
7. 학습 파트너와 1분 복습 (One-minute Reviews)	학급의 모든 학생들을 둘씩 학습 파트너로 맺어준다. 교사가 수업 중간중간에 "학습 파트너를 찾아가세요."라고 말하면, 파트너끼리 1분간 토론할 수업 관련 주제나 질문을 던진다(예: 학습 파트너를 찾아가서 방금 배웠던 인구 이동의 요인에 대해 말해보세요).
8. 떠돌이 탐정 (Roving Investigators)	반 학생들 절반에게 간단한 정보가 담긴 카드를 한 장씩 준다. 정보 카드에는 배우고 있는 주제와 관련된 새로운 내용이 간단하게 적혀 있다. 나머지 절반의 학생들은 떠돌이 탐정들이다. 몇 분의 시간을 주어 전자의 학생들은 카드의 내용을 익히고 후자의 학생들은 인터뷰 질문을 구상하도록 한다. 떠돌이 탐정들은 교실을 돌아다니면서 카드를 가진 학생들을 인터뷰하여 학습주제에 관한 짧은 요약 보고서를 작성한다. 활동이 끝나면 모든 탐정들이 차례로 요약 보고서를 학급에 발표한다. 이후에 역할을 바꾸어서 동일한 주제 하에 새로운 내용의 정보 카드로 활동을 진행한다.
9. 체험 연대표 (Physical Timelines)	각 학생들에게 주어진 연대표(예: 남북전쟁 직전과 전시의 사건들, 지질학적 연대표)상의 특정 사건이 적힌 카드를 준다. 교사는 복도나 체육관 등에 적정 비율로 눈금을 표시한 연대표를 설치하고, 학생들은 자기가 해당하는 연도에 서 있는다. 사건 간의 시차, 사건의 지속 기간 등을 눈으로 볼 수 있는 매우 유용한 활동이다. 그 외 태양계 행성들의 위치와 행성 간의 거리, 여러 숫자들 간의 값의 차이 등을 표현하는 데에도 이 활동을 활용할 수 있다.
10. 연상기호 암기법과 기억보조도구 (Mnemonics and Memory Aids)	연상기호 암기법이란 학생들이 중요 주제와 개념을 복습할 때 사용할 수 있는 여러 가지의 기억 보조도구를 말한다. 다음과 같은 방법들이 있다. **약문법**(acrostic sentences): 문장을 임의로 만들어서 학생들이 각 단어를 보고 암기 내용을 떠올리게 하는 방법이다. 가령, '거 참(차) 이마에 사마귀가 나다니'라는 문장을 이용하여 신라 왕 칭호의 변천 순서(거서간-차차웅-이사금-마립간)를 암기하도록 돕는다. **약어법**(acronyms): 어떤 주제나 개념을 한 단어 또는 한 구절로

	보여준다. 가령, '아껴 쓰고, 나눠 쓰고, 바꿔 쓰고, 다시 쓰자'를 첫 글자만 따서 '아나바다'로 기억한다. **키워드 혹은 중요 문구**: 핵심적인 단어를 이용하여 내용을 기억한 다. 가령, 제1차 세계대전의 참호전을 함축적으로 보여 주는 '진흙 투성이 오리(Duck and Muck)'와 같은 말로 기억한다. **신체 부위로 암기하기**(body-pegging): 각 신체 부위와 중요 개념을 연결하여 암기한다. 학생들은 신체 부위를 보며 암기한 내용을 떠올 릴 수 있다. 그 외에도 다양한 전략들을 참고할 수 있다. 학생들에게 유용한 암 기법을 스스로 구상해보도록 교사가 권할 수도 있다. 이렇게 만들어 진 암기법은 학급 전체가 공유한다.
11. 시각화 유도 기법 (Guided Visualization)	학생들에게 눈을 감고 교사가 생생하게 묘사하는 상황 혹은 시나리오 의 일부분이 되는 상상을 하도록 한다(예: 권태로운 상황, 제1차 세계 대전 중의 춥고 비에 젖은 참호 속 상황). 시나리오를 듣고 그 상황이 어 땠을지 상상한 후, 학생들은 자신이 받은 인상과 생각들을 주어진 질 문이나 그래픽 오거나이저를 이용하여 글로 쓰거나 스케치한다.
12. 순환식 질문 주고받기 (Looping)	이 전략은 현재 학습 중인 주제에 대해 카드를 이용하여 복습을 하 는 매우 탁월한 시연 전략이다. 이때 카드의 한 면에는 질문을 적고, 다른 한 면에는 답을 적어 놓는다. 교사는 학생들에게 카드를 한 장 씩 나누어 주고, 학생들은 돌아가면서 자신이 받은 카드의 질문을 읽게 된다. 가령, 기하학 용어에 대해 배우는 중이라면, 한 학생이 "각도가 정확히 90도임을 나타내는 용어는 누구에게 있을까?" 하고 질문을 하게 되고, 그 질문의 답이 적힌 카드를 가지고 있는 학생이 "나한테 '직각'이 있어."라고 답을 한다. 답을 말한 학생은 이어서 자 기 카드에 있는 질문을 친구들에게 던진다. 이런 식으로 학생들이 모든 질문과 답변을 주고받을 때까지 복습활동이 이루어지고, 결국 최초의 질문자가 답을 하게 되면 하나의 고리가 연결되면서 활동이 종료된다. 이 복습 전략을 몇 번 연습해본 후, 학생들에게 순환식 질 문 카드를 직접 만들도록 하면 효과가 더욱 좋다. 이 방법을 이용하 면 학생들은 학습주제의 중요 개념과 용어들을 효과적으로 복습할 수 있다.

음악을 활용한 과학 수업

학생들에게 수업내용을 전달할 때, 강렬하고 반복적인 리듬에 맞춰 가사를 읊어 대는 랩이나 노래를 이용하면 학생들이 어려운 개념을 훨씬 잘 이해한다. 특히, 이런 방식은 과학 교과에 나오는 용어를 기억할 때 유용하게 쓸 수 있다. 한 과학 교사는 과학 교과에 나오는 입자 이론, 물의 순환, 분자 이론, 판구조론, 암석의 순환, 생리학 등 엄청나게 많은 개념들을 각각 노래나 랩으로 미리 만들어 놓고 이를 수업시간에 활용한다. 이런 노래와 함께 개념을 이해하는 데 도움이 되는 율동을 곁들이면 학생들이 더욱 좋아한다. 가령, 학생들은 '판구조론'에 대한 개념을 설명할 때, 판구조론에 대한 내용으로 가사를 바꾼 '부딪치고 문지르고(Bump and Grind)'라는 노래를 함께 부르면서 간단한 율동을 할 때 아주 좋아한다. 이처럼 교사는 학생들이 중요한 과학 개념을 쉽게 기억할 수 있도록 종종 개사곡(piggyback songs)을 만든다. 개사곡은 학생들에게 익숙한 곡조에 과학 주제나 용어를 설명하는 새로운 가사를 붙여 만든다. 교사는 과학 교과에 나와 있는 주제별로 개사곡으로 만들 수 있을 만한 랩이나 노래, CM송을 인터넷으로 찾아서 미리 수집해 둔다. 혹은 학생들에게 과학 시간에 배운 내용을 그들 자신의 언어로 표현하고 리듬을 붙여 개사곡을 만들어보게 할 수도 있다.

9장

뇌친화적 수업원리 06

다양한 신체 활동을 활용하라

신체 활동이 뇌에 미치는 영향

신체 활동 및 운동은 십대들의 뇌에 영향을 미쳐 학업 성과를 크게 향상시킨다. 사실 신체 활동과 학습이 서로 밀접하게 연관되어 있다는 것은 확실히 밝혀진 사실이다. 이 둘이 서로 영향을 주고받으며 강력하게 연관되어 있다는 사실이 수많은 연구결과에서 증명된 바 있다. 최근 「시카고 트리뷴(Chicago Tribune)」지에 일리노이대학의 연구결과가 소개되었는데, 그 연구진의 일원이었던 아서 크래머(Arthur Kramer)는 다음과 같이 말했다. "이 연구결과는 (운동을 통해) 인지능력을 향상시키거나 뇌의 구조나 기능을 변화시키는 것이 실제로도 가능하다는 것을 보여줍니다. 운동은 뇌를 단련하는 데 도움이 됩니다"(Kotulak, 2004). 또한 규칙적으로 운동을 하면 뇌의 각 영역 간의 신경연결이 많아지고, 집중력이 좋아지며, 문제해결력과 기억 유지에 도움이 되는 것으로 나타났다. 이와 같은 연구 결과는 발달 중에 있는 십대의 뇌에 특별한 의미를 갖는다.

> **뇌에 필요한 혈류, 산소, 영양분은 몸 전체 소요량의 20% 이상에 달한다.**

뇌가 우리 몸 전체에서 차지하는 부피와 질량은 약 3%에 불과하다. 그러나 뇌에서 소비하는 혈류, 산소, 영양분은 몸 전체 소요량의 20% 이상에 달한다. 운동을 자주 하면 이처럼 뇌에 필요한 성분들을 규칙적으로 공급할 수 있게 된다. 또한 신체 활동은 에너지 수준과 호르몬 생산주기를 조절하는 과정에도 관여한다. 뇌는 에너지 수준이 높을 때와 낮을 때가 반복해 나타나는 식으로 필요한 에너지 수준과 주의(注意) 수준이 주기적으로 나타나는 특징이 있다. 신체 활동은 뇌가 에너지 수준과 주의 수준의 주기를 적정 수준으로 유지할 수 있도록 돕는다. 또한 운동을 하면 뇌의 양 반구가 활성화되어 홀브레인 학습을 할 때와 비슷한 뇌 활동이 일어나기 때문에, 말 그대로 '뇌를 깨울 수 있다.'

뇌영상 연구결과에 의하면, 뇌는 스트레스를 받거나 위협이나 불안을 느낄 때 혈액 속으로 스트레스 호르몬을 방출하게 되고, 그렇게 되면 신체는 본능적으로 그 상황에 맞서거나 도피하려는(fight-or-flight) 반응을 일으키게 된다. 신체 활동은 체내 스트레스 호르몬의 양을 조절하는 데 도움이 되며, 이 호르몬이 신체에 치명적인 수준에 이르지 않도록 막는 역할을 한다. 이러한 사실은 특히 십대 학습자들에게 유용하다. 청소년기에는 감정 기복을 조절하고 균형을 유지한다는 것이 대단히 까다롭기 때문에, 교사들에게는 학생들의 감정 상태를 조절하는 데 도움이 되는 믿을 만한 전략이 필요하다. 신체 활동이 바로 그런 역할을 할 것이다. 운동을 하면 뇌에서 엔돌핀이 분비되는데, 이 호르몬은 행복감을 불러일으켜 학습에 알맞은 정서적 상태를 만드는 데 기여한다. 캘리포니아대학에서 수행한 어느 연구에 의하면, 신체 활동을 하면 뇌에서 신경세포 성장인자(brain-derived neurotrophic factor(BDNF))가 분비된다고 한다. 이 화학물질은 뉴런 간의 연결

부위인 시냅스를 증가시켜 인지능력을 향상시키는 데 도움이 되는 것으로 보인다 (Jensen, 1998b).

> **신체 활동은 청소년의 뇌에 유해한 영향을 끼칠 가능성이 있는 스트레스 호르몬의 양을 조절하는 데 도움을 준다.**

뇌가 발달하고 있는 청소년기에는 신체 활동이 특히 중요하다. 신체 활동은 십대들의 뇌 발달에 아주 중요한 소뇌와 해마에 많은 영향을 끼치는 것으로 보인다. 앞서 언급했듯이, 뇌의 뒤쪽 밑면에 위치한 소뇌는 주로 기초적인 근육 동작과 운동 기술을 조절하는 역할을 담당한다. 하지만 신경과학자들은 소뇌가 정보의 우선순위를 정하거나 의사결정을 하는 것처럼 고등 사고과정에도 깊이 관여한다고 보고 있다. 십대들의 활발한 신체 활동은 이 중요한 뇌 부위가 제 기능을 충분히 수행할 정도로 발달하는 데 도움을 주며, 이는 곧 신체 발달과 인지능력의 발달로 이어진다. 소뇌는 청소년기를 지나 20대에도 계속 성장하고 발달하기 때문에, 청소년 시기를 통틀어 모든 십대들에게 신체 활동을 중요한 학습경험으로 제공해주어야 한다.

> **청소년기 뇌에서 중요한 영역들이 충분히 발달하기 위해서는 신체 활동이 필요하다.**

기억 형성에 중요한 뇌 영역인 해마에서도 신체 활동이 신경회로가 성장하는 과정에 영향을 미치는 것으로 보인다. 청소년기에 규칙적으로 신체 활동을 하면 해마가 제 기능을 제대로 수행할 수 있도록 최적으로 발달하는 데 매우 큰 도움이 된다. 캘리포니아 솔크연구소에서 수행한 연구에 의하면, 운동을 하면 해마에서 새로운 세포가 발달하고 생존하는 비율이 눈에 띄게 높아진다고 한다(Gabriel,

2001).

많은 학습자가 촉각을 자극하는 신체 활동형 학습방식을 선호하는 편이다. 즉, 그들은 손으로 직접 만져보거나 몸을 움직이면서 배울 때 효과적으로 배운다. 수업시간에 신체 활동이나 간단한 동작을 곁들여서 가르쳐주면 더욱 쉽게 배운다. 하지만 사실 신체 활동은 모든 학생의 학습과정에 매우 큰 영향을 끼친다. 우리가 일명 암묵기억 혹은 절차기억이라고 하는 정보들, 즉, 신체 감각과 운동 기능을 통해 학습한 정보는 기억에 더 오래 남고 나중에 기억을 떠올려 활용하기도 쉽다. 다시 말해서 수업내용을 신체 활동과 연결하여 절차기억을 통해 학습하게 되면 기억이 더 오래 남기 때문에 장기적인 학습효과가 더욱 좋다. 최근 런던대학교 인지신경과학연구소에서 시행된 연구에 의하면, 댄서나 프로 운동선수의 경우 운동기억 경로가 대단히 견고해서 신체 동작을 취하지 않고 다른 사람의 동작을 관찰하거나 머릿속으로 그려보는 것만으로도 해당 동작을 실제 수행할 때처럼 운동

표 9.1 중·고등학교 수업에서 신체 활동을 활용해야 하는 8가지 이유

- 신체 활동은 뇌에서 사용하는 에너지 수준과 주의 수준을 조절하고, 학습을 방해하거나 향상시킬 수 있는 호르몬 분비에 영향을 끼친다.
- 신체 활동은 실제로 뇌 세포 생성에 도움을 준다.
- 신체 활동은 소뇌와 해마 등 뇌의 중요 부위가 최적의 상태로 발달하도록 돕는다.
- 신체 활동을 하면 기억 신경회로가 단단하게 연결되어 기억을 쉽게 회상할 수 있다.
- 학습자들은 수업활동에 적극적으로 참여하면서 학습내용을 받아들이려고 노력하게 된다.
- 신체 활동을 통해 학습내용을 충분히 반복하고 연습하게 되기 때문에, 신체 활동은 학습내용을 장기기억으로 만드는 데 도움이 된다.
- 학생들 중 상당수는 신체 활동이나 촉각을 통한 학습을 선호한다.
- 신체 활동은 여러 유형의 학습자들에게 개념과 사실 정보를 효과적이고 쉽게 가르칠 수 있는 방식이다.

기억 경로를 강화할 수 있다고 한다(Radford, 2004). 이러한 연구결과들은 중·고등학교 수업에 신체 활동을 포함시켜야 하는 이유가 무엇인지를 분명히 보여준다([표 9.1] 참고).

뇌친화적 수업, 어떻게 할까
: 다양한 신체 활동을 활용하는 수업을 하자

교사들은 수업시간에 신체 활동을 비롯하여 몸을 움직이면서 하는 학습활동을 적극 활용해야 한다. 교사가 자신의 교수전략을 개선하여 수업의 질과 학생들의 학업성과를 향상시킬 수 있는 단 하나의 방법이 있다면, 바로 이 방법일 것이다. 몸을 움직이면 뇌 전체가 활성화되기 때문에, 신체 활동을 통한 수업은 결국 홀브레인 교육을 완성시켜 주는 수업전략이라 할 수 있다. 또한 신체 활동은 기억력 향상에도 도움이 되며, 외부의 감각 정보를 받아들여 효과적으로 처리하는 가장 좋은 학습방법이다.

　수업 중에 몸을 움직이는 활동을 하면 학생들은 기분이 고양되어 학습과제에 더욱 몰두하게 된다. 이러한 신체 활동을 이용한 수업은 모든 연령대의 학생들에게 도움이 되지만, 그중에서도 청소년에게는 더욱 각별한 의미를 갖는다. [표 9.2]는 교사가 이런 수업전략을 실천할 수 있는 몇 가지 방안을 제시하고 있다.

표 9.2 신체 활동으로 활발한 교실수업 만들기

- 수업시간에 학생들의 기운을 북돋우는 학습활동을 통해 학생들이 몸을 많이 움직이게 한다. 또한 신체가 편안해질 수 있도록 휴식 시간을 자주 갖는다.
- 중요한 개념을 설명할 때는 직접 만져보거나 몸을 움직이게 하는 학습활동을 통해 가르친다.

- 수업시간에 게임, 모의 활동, 역할극, 연극, 흉내내기, 따라해보기 등의 방법을 많이 활용한다.
- 객관적인 사실정보에 대해 가르칠 때는 몸을 움직일 수 있는 활동을 적극 활용하여 교과 내용과 신체 활동을 적절하게 접목한다.
- 학생들이 신체 동작이나 신체 부위를 기억의 보조도구로 활용할 수 있도록 가르친다.
- 여건이 된다면 언제든지 학생들이 손으로 만져보거나 직접 경험할 수 있는 학습활동을 구성하도록 한다.
- 학생들의 학업성과를 평가할 때, 학습한 내용에 대한 결과물을 만들거나 행동으로 보여주게 한다(예: 수행평가).
- 학생들이 수업시간 내내 적극적으로 참여할 수 있도록 분위기를 조성한다.

신체 활동을 이용한 고등학교 생물 수업

아래 사례를 읽으면서 다음 질문들에 대해 생각해 보자.

1. 이 교수법이 수업내용을 이해하는 데 효과적인 이유는 무엇인가?
2. 교사는 신체 활동을 쓰기나 그리기와 같은 다른 수업전략과 어떻게 통합하였나?
3. 교사는 학생들이 순환계에 대해 제대로 학습했는지를 어떻게 평가할 수 있을까?

고등학교 생물 시간, 학생들은 인체구조와 체계에 대해 배우는 중이다. 그중에서도 순환계의 원리에 대해 배울 차례가 되었을 때, 교사는 학생들을 실습실로 데리고 가서 방 한쪽에 모이게 한다. 실습실 마룻바닥에는 심장과 폐, 그리고 이 둘을 연결하는 순환계를 보여주는 도식이 지도처럼 펼쳐져 있다. 교사가 심장에서 혈액이 나와 순환계를 거쳐 산소와 이산화탄소의 교환이 일어나는 폐에 도달하는 과정을 차례대로 설명해 주면, 학생들은 교사의 설명을 듣고 그 순서에 따라 바닥에 넓게 펼쳐져 있는 심장과 폐 도식을 따라 이동해야 한다. 학생들은 순환계를 따라 이동하면서 빨간색 카드와 파란색 카드를 집어들고는 산소를 운반 중인 혈액에는 빨간색 카드를 놓고, 이산화탄소를 운반 중인 혈액에는 파란색 카드를 놓아둔다. 이 과정을 몇 차례 반복한 다음, 3-4명의 학생들이 한 조를 이루어 순환계 도식이 펼쳐져 있는 쪽 반대편에 모여 커다란 차트 용지에 방금 배운 내용에 대해 마커로 도식을 그리고 명칭을 써넣도록 한다. 도식이 완성되면 각 조는 순환계 도식이 지도처럼 펼쳐져 있는 곳으로 돌아와, 그 위를 다시 한 번 걸으면서 빠진 부분을 채워 넣고, 잘못 그린 부분을 수정한다. 위의 단계를 다 마치고 나면 마지막으로 학생들은 조별로 차트 용지에 그린 도식을 각자 자신의 노트에 옮겨 그려 놓고 참고자료로 활용한다.

10장

뇌친화적 수업원리 07
편안하고 활기찬 교실환경을 만들어라

십대들은 감정 과잉일까, 감정 부족일까?

청소년기 뇌의 기억과 학습과정에는 감정이 상당히 많은 영향을 끼친다. 감정이 학습에 미치는 영향은 마치 동전의 양면과 같다. 학습과정에서 감정이 너무 많이 개입해도 문제이고, 반대로 감정이 너무 부족해도 문제이다. 가령, 감정이 극도로 고양되거나 상황에 맞지 않는 감정이 유발되면 학습에 방해가 되거나, 혹은 학습이 일어날 가능성을 차단해 버린다. 하지만 그렇다고 학습과정에 감정이 조금도 개입되지 않는다면 사실상 학습이 불가능할 것이다.

그렇다면 학습과정에서 감정이 적절한 수준으로 유지되려면 어떻게 해야 할까? 특히, 감정적으로 예민하고 변덕이 심한 청소년들의 경우 어떻게 해야 감정이 안정적으로 균형을 이룰 수 있을까? 십대 학생들의 감정을 균형 있게 조절해주는 것이 효과적인 학습을 위해 매우 중요한 요소임에도, 많은 교사가 이 부분을 간과하거나 알면서도 적절하게 대응하지 못하고 있다.

우리는 앞서 뇌에서 합리적 의사결정과 자율통제 기능을 담당하는 전두엽 피질 부위가 청소년기 전반에 걸쳐 더디게 발달한다는 사실을 알아보았다. 또한 뇌 영상 연구결과를 살펴보면, 청소년들은 대부분 감각을 통해 받아들인 정보나 감정이 개입된 정보를 처리할 때 성인처럼 전두엽 피질을 활성화시키지 않고 감정적 상황에 민감하게 반응하는 편도체 부위를 활성화시키는 것으로 보인다. 편도체는 분노나 공포처럼 강렬하고 원초적인 감정을 느낄 때, 또는 '맞서거나 도피하려는 (fight or flight)' 반응이 일어날 때 활성화된다. 그렇기 때문에 청소년들은 종종 주변 상황이나 다른 사람이 보낸 감정 신호를 잘못 인식하여 과잉반응을 보이거나, 의사결정을 잘못 내리거나, 상황에 부적절한 반응을 보이곤 한다.

청소년에 대해 연구하는 신경과학자들은 이런 행동 반응을 가리켜 "편도체로 생각한다"고 말하기도 하며, 이런 반응은 청소년기 초기에 특히 많이 나타난다. 이와 관련하여 하버드 의과대학 신경정신과 교수인 프랜신 베네스(Francine Benes)는 이렇게 말한다. "청소년기 초기에는 자신의 감정 경험이 인지과정과 잘 통합되지 않는다. 즉, 이 시기의 청소년들은 상황을 고려하기보다는 즉흥적이고 돌발적인 행동을 보일 수 있다"(Strauch, 2003). 따라서 교육자들은 감정이 십대들의 학습과정에 지대한 영향을 끼친다는 사실을 분명히 알고 있어야 한다. 무엇보다 교사들은 감정이 청소년기 뇌의 인지과정에 미치는 영향을 다음 세 가지 차원에서 주의 깊게 살펴봐야 한다. 첫 번째는 과도한 스트레스와 두려움이 기억과 학습에 미치는 영향이고, 두 번째는 감정이 주의력과 집중력에 미치는 영향, 세 번째는 감정이 학습자의 동기 및 뇌 활성화에 미치는 영향이다.

> 청소년들은 대부분 주변 상황이나 타인에게서 받은 감정적 신호를 잘못 인식하여 과잉반응을 보이거나, 잘못된 의사결정을 내리거나, 상황에 부적절한 반응을 보이곤 한다.

과도한 스트레스와 위협이 뇌에 미치는 영향

"스트레스는 당신을 멍청하게 만든다!" 이 말은 베스트셀러 『EQ 감성지능 (Emotional Intelligence: Why It Can Matter More Than IQ)』의 저자 대니얼 골먼 (Daniel Goleman) 덕분에 유명해졌다. 그는 워크숍에서 스트레스가 학습에 얼마나 심각한 영향을 미치는지를 강조하면서 이런 자극적인 문구를 자주 인용해왔다.

사실 뇌는 생물학적으로 생존을 위해 프로그램되어 있다. 진화론적인 입장에서 볼 때 뇌는 외부 정보가 생존에 위협적인 정보라고 생각되거나, 감정 상태에 영향을 주는 강렬한 자극이라고 느낄 때 그 정보에 모든 주의를 집중한다. 하지만 뇌는 실제적인 물리적 위협과 정서적 위협, 스트레스를 구분하지 못하기 때문에 모든 위협과 스트레스들이 실제의 물리적 위협인 것처럼 반응한다. 이렇게 외부 정보를 위협적인 정보로 인식하게 되면 뇌는 그 정보를 곧바로 처리하려 하고, 다른 감각 정보들은 처리를 지연하거나 별로 중요하지 않은 정보로 여기게 된다. 뇌가 위협적인 정보에만 집중하고 있기 때문에 감정 정보들이 먼저 처리되고 복잡한 인지기능이 필요한 정보들은 우선순위에서 밀려나게 된다. 즉 분노, 공포, 극도의 불안과 같은 강한 감정 반응들이 의식적인 사고 과정보다 먼저 처리되는 것이다. 교육연구자 케인 부부는 이러한 과정을 가리켜, 주요 감각처리 과정이 나중에 진화한 대뇌 피질 부위에서 좀 더 원초적인 변연계(감정 중추)로 옮겨 간다는 의미에서 '원시적 · 반사적 반응을 하는 생명의 뇌 모드로 바꾸기'라고 부른다(Caine & Caine, 1994; Hart, 1998).

"스트레스는 당신을 멍청하게 만든다!"

- 대니얼 골먼(Daniel Goleman),

『EQ 감성지능(Emotional Intelligence: Why It Can Matter More Than IQ)』

뇌는 어떤 상황을 위협적이거나 위험한 상황이라고 인식하면, 이러한 상황에 대처할 수 있도록 특정 화학물질과 신경전달물질을 분비하도록 신체 곳곳에 신호를 보낸다. 가령, 뇌는 에피네프린(epinephrine, 아드레날린의 다른 명칭)을 분비하도록 하여 심장을 자극하고, 혈압을 상승시키며, 혈류를 신체 곳곳의 근육으로 더 많이 보내고, 위협에 대해 '맞서거나 도피하려는' 반응 태세를 갖추도록 신체를 준비시킨다. 곧 이어서 부신에 코르티솔(cortisol)을 분비하라는 신호가 전달되고, 코르티솔은 위협으로 인해 분비된 화학물질을 조절하여 체내에 화학적인 균형이 유지되도록 돕는다. 만약 위협이 사라지거나 신체가 근육을 이용해 적절히 대응한다면, 즉, 멀리 도망가거나 위협에 맞서 싸우게 되면, 위협으로 인해 유발된 화학물질들은 소진되고 더 이상 생성되지 않는다.

그러나 만약 뇌가 이러한 스트레스 호르몬 분비를 중단시킬 만한 기회를 얻지 못한 채 계속 위협을 느끼게 되면 심각한 결과를 초래할 수도 있다. 예를 들어 감정 스트레스에 지속적으로 시달릴 경우, 뇌는 스트레스 호르몬을 계속 분비하도록 신체에 신호를 보낼 것이다. 스트레스 호르몬, 특히 코르티솔과 같은 호르몬이 체내에 장기간 분비될 경우 뇌에 심각한 영향을 줄 수도 있다. 코르티솔은 기억과 학습을 담당하는 해마에 손상을 입히는 것으로 알려져 있다. 이와 관련하여 캐나다 몬트리올 맥길대학교의 한 연구진은 이렇게 말한다. "일상적인 스트레스를 꾸준히 받는 사람들은… 해마의 크기가 다른 사람에 비해 상대적으로 작았습니다"(Sokoloff, 2005). 또한, 우울증을 심하게 앓고 있는 십대들도 해마의 크기가 다른 십대들에 비해 상대적으로 작다는 사실이 관찰된 바 있다. 케인 부부(Cain & Cain)는 뇌가 스트레스에 만성적으로 시달릴 경우 단기기억과 새로운 기억을 형성하는 뇌의 능력이 심각하게 저하된다는 연구결과를 언급하기도 했다. 그들은 장기적인 스트레스가 학생들에게 미치는 영향에 대해 경각심을 가져야 한다고 강조한다. 과도한 스트레스는 전반적인 건강 상태와 생리학적 반응에 좋지 않은 영향을 끼칠 뿐만 아니라, 인지기능을 저하시켜 '사고력, 문제해결력, 패턴 인지능력을 방해'할 수 있기 때문이다(1994). 특히 일부 신경과학자들에 의하면 청소년들은 전반적으로 성인들에 비해 스트레스에 더욱 민감하게 반응한다고 한다. 이런 사실을 고려할 때 십대들을 가르치는 교사들은 과도한 스트레스가 학습과 신체에 미치는 영향에 대해 더욱 큰 관심을 기울일 필요가 있다.

> 스트레스 호르몬이 체내에 장기간 분비될 경우 뇌에 심각한 영향을 줄 수 있다.

감정과 주의집중력

학습이나 인지과정을 감정과 떼어놓고 생각하기란 어렵다. 우리가 무언가를 배우고 의미를 찾는 과정은 그 학습경험이 일어날 때의 감정 상태에 따라 달라질 수 있기 때문이다. 즉, 우리가 무엇을 배우고 얼마나 깊이 이해하는가는 개개인의 감정과 마음 상태, 학습에 대한 기대와 신념, 학습상황에 대한 인식, 타인과의 상호작용 등과 관련되어 있고, 이런 요인들에 의해 크게 영향을 받는다. 어떤 경험이 극적으로 일어나거나 매우 놀랍고 강렬한 감정적 요소를 수반할 때, 그런 경험은 뇌리에 박혀 오랫동안 기억에 남게 되는 것이다. 실제로 우리는 학습의 실질적인 내용보다는 당시의 에피소드나 상황적인 맥락을 더 잘 기억한다고 한다(Hughes, 1999). 따라서 어떤 경험이든 학습자의 주의를 잡아끌어 그 상황에 집중하게 한다면, 그런 학습경험은 학습자의 기억 속에 오랫동안 남을 것이다. 가령, 감동적인 이야기나 이미지, 재미있고 놀라운 사건 등은 학습자의 감정을 불러일으켜 그러한 학습경험을 장기기억으로 만드는 데 도움을 준다. 이렇듯 감정을 유발하는 학습경험은 다음의 세 가지 학습과정, 즉, 학습에 대한 몰입, 주의집중력 유지, 장기기억 형성을 위해 반드시 필요한 부분이다.

> 학습자의 주의를 끌어 그 상황에 집중하게 한다면, 그런 학습경험은 학습자의 기억에 오랫동안 남을 것이다.

효과적인 학습을 위해서는 우선 최적의 마음 상태를 갖추어야 한다. 즉, 학습자가 학습에 온전히 몰입하고 학습과제에만 집중할 수 있는 상태가 되어야 한다. 이를 가리켜 '편안한 각성(relaxed alertness)' 상태라고 한다. 이는 학습자의 몸과 마음이 편안하고, 외부로부터 위협이나 스트레스를 덜 받으며, 학습에 대한 도전의식이 충만한 상태를 말한다. 학습에 대한 도전의식은 몰입을 일으키는 데 대단히 중요하다. 몰입하지 않으면 학습이 일어나지 않는다. 어떤 사건이나 사물이 호기심을 유발하고, 좀 더 알고 싶은 학습욕구를 불러일으키게 되면, 뇌는 그 학습과정에 몰입하여 각 정보들의 패턴과 연관성을 찾기 시작할 것이다.

> 효과적인 학습을 위해서는 학습을 위한 최적의 마음 상태를 갖추어야 한다.

또한 학습과정에서는 주의집중력이 중요하며, 뇌가 어디에 주의를 기울일지는 그 정보에 대한 '감정적 몰입'에 따라 달라진다. 가령, 학생들이 즐거운 마음으로 무언가에 호기심을 느끼고 알고 싶어한다면, 학생들은 그 학습과정에 몰두하고 과제에 더욱 집중할 것이다. 학생들에게 그들이 전혀 예상치 못한 새로운 경험이나 특별한 경험을 제공하면, 학생들은 그 과제에 적극적으로 참여하게 되고, 뇌는 오랫동안 주의를 집중할 것이다. 다시 말해서 감정을 불러일으키는 정보는 뇌가 주의를 기울이도록 매우 강력하게 끌어당긴다.

이렇듯 감정을 유발하는 학습맥락은 기억 형성에 중요한 역할을 한다. 실제로 학습경험에 감정이 얽혀있지 않으면 장기기억이 형성되지 않는다고 한다. 강렬한 감정을 불러일으키는 경험이나 사건은 다른 경험에 비해 기억회로를 더욱 견고하게 만들기 때문에, 기억에 오래 남고 시간이 흘러도 쉽게 기억을 떠올릴 수 있다. 위협이나 스트레스 또는 심각한 불안을 느껴 감정이 과도한 수위에 이를 경우 학습사고 능력이 떨어질 수도 있지만, 어떤 감정도 불러일으키지 않는 학습상황 역시 효과적이지 않다. 학습과 기억 형성 과정에는 고등사고 능력을 담당하는 대뇌 피질 부위도 중요하지만, 감정을 조절하고 통제하는 변연계와 대뇌 피질을 연결하는 신경회로도 매우 중요하다.

> 학습이 일어날 때 어떤 감정을 경험하는지가 기억 형성에 중요한 역할을 한다.

감정과 학습 동기

학습 동기는 학습에 매우 중요한 요소이다. 학습 동기가 충만한 학생은 다른 학생보다 학습내용을 더욱 빠르게 흡수하고, 효율적으로 학습한다. 그들은 남들보다 학습과제를 완수하기 위해 더 많은 시간을 들여 노력할 것이다. 그러나 교사가 내준 학습과제나 학습활동의 중요성과 의미를 알지 못한다면, 학생들은 분명 그 내용을 배우려고 하지 않을 것이다. 교사는 학생들이 학습 동기로 충만하기를 바라지만, 유감스럽게도 학습 동기는 교사가 직접 가르쳐 줄 수 있는 것이 아니고, 학생들이 동기를 가지도록 요구할 수 있는 것도 아니다. 학습 동기는 매우 개인적인 것이고 내적 동기의 비중이 크지만, 교사는 학생들이 그러한 학습 동기를 일으킬 수 있도록 적절한 학습단계를 제시하거나 학습환경을 만들어 줄 수 있다. 이런 학습환경이 제대로 조성된다면, 학습자들의 동기가 충만하게 되는 것은 당연한 일이다. 최적의 학습환경이란 학습자가 안전하다고 느끼고, 위협이나 스트레스 수준이 낮으며, 실패를 두려워하지 않고 다양하게 시도해 볼 수 있는 환경이며, 주어진 학습활동에 대해 학생들이 적극적으로 도전하고 지적으로 자극을 받을 수 있는 환경을 말한다.

하지만 안타깝게도 우리 주변에는 학습 동기가 낮은 십대들이 많다. 십대들의 뇌가 아직 발달하고 있다는 점을 생각해 볼 때, 이는 전두엽 피질에서 '측좌핵(nucleus accumbens)'이라는 영역이 아직 충분히 발달하지 않은 탓으로 보인다. 신경과학자들에 의하면, 측좌핵은 내적인 동기를 불러일으키는 데 중요한 '보상 추구 메커니즘(reward-seeking mechanism)'을 조절하는 역할을 한다(Wallis, 2004).

십대들이 순간적인 만족을 중요하게 여긴다는 것은 공공연한 사실이다. 십대들이 비디오게임과 휴대폰, MP3 플레이어, PC방 등에 쉽게 빠져드는 것만 봐도 알 수 있다. 이런 십대들을 가르치는 중고등학교 교사들은 학생들을 가르칠 때 외적인 동기를 단기적으로 주는 것이 중요하다는 사실을 잘 알아두어야 한다. 즉, 학습과제나 학습활동을 실시할 때 학생들에게 즉각적이고 구체적인 보상을 제공하여 학생들이 과제에 집중할 수 있도록 해야 한다.

> **동기란 감정을 행동에 연결시키는 과정이다.**

스미스(Smith)는 『The Brain's Behind It(그 이면에는 두뇌가 있다)』에서 이렇게 말한다. "동기란 감정을 행동에 연결시키는 과정이다"(2009). 즉, 동기는 학습과제나 활동에 참여하면 혜택 혹은 보상이 있다거나, 좋은 결과가 있을 것이라거나, 심리적으로 편안해질 것이라는 기대가 있을 때 유발되는 일종의 감정 반응이다. 이러한 혜택이나 보상은 단기적일 수도 있고, 장기적일 수도 있다. 또한 보상이 반드시 구체적이거나 물질적일 필요는 없다. 프로젝트를 완수했다는 만족감, 친구들과 함께 해냈다는 기쁨, 어려운 문제를 해결했을 때의 짜릿함처럼 단순한 감정도 보상이 될 수 있다. 학생들에게 동기를 일으킬 수 있는 요인은 학습자의 유

형만큼이나 다양하다. 하지만 학습자들이 동기를 일으키는 데는 주로 [표 10.1]에
나와 있는 요인들이 많은 영향을 미치는 것으로 보인다.

표 10.1 학습자의 동기에 영향을 미치는 요인

- 자기 자신과의 관련성
- 자기 주도적인 선택
- 도전의식
- 사회적 상호관계
- 성공에 대한 기대
- 욕구
- 새로움
- 인지부조화, 혹은 사건이 모순되는 경우

뇌친화적 수업, 어떻게 할까
: 편안하고 활기찬 교실환경을 만들자

교사는 학생들이 스트레스를 덜 받고 외부로부터 위협을 느끼지 않으며, 심리적
으로 안정되고, 보호받고 있다고 느낄 수 있는 환경을 만들어주어야 한다. 이런
환경에서 학생들은 실패를 두려워하지 않고, 다양한 방법으로 학습활동에 몰입하
게 된다. 학생들이 수업내용을 이해하지 못할 때 스트레스를 받고 불안을 느낀다
는 사실을 반드시 알고 있어야 한다. 수업내용을 좇아오지 못해 좌절하는 학생들
이 없도록 개별 학생들을 모두 도와주어야 교실 전체의 학습 분위기가 밝아지고
공부하려는 의욕이 넘치게 된다. 또한 학생들이 수업 중에 틀리거나 실수를 하더
라도 창피를 당하거나 놀림 받지 않는 분위기를 만들어야 한다. 동기를 부여한다
는 명목으로 학생들에게 위협을 가해서도 안 된다. 어떤 위협도 받지 않는 편안하

고 활기찬 교실 분위기가 만들어져야 학생들의 신체적·정서적 욕구가 충족되며 최적의 학습상태(편안한 각성 상태)를 유지하게 된다.

또한 교사들은 학생들이 무언가를 배우고 기억하는 데 감정이 얼마나 중요한지를 인식하고, 수업을 할 때 학생들의 감정을 자극할 수 있는 교수방식과 수업전략을 활용해야 한다. 가령, 역할극이나 모의상황 연출, 체험학습, 현실문제해결, 수행평가, 지역사회 서비스 러닝 등의 경험은 학습자의 관심과 흥미를 유발하여 학생들을 수업에 몰입하게 하고, 의미를 더 깊이 이해하고자 동기를 일으키는 정서적 토대가 된다. 이처럼 학생들의 감성을 자극할 수 있는 새롭고 흥미로운 학습활동, 호기심과 도전의식을 불러일으키는 학습활동을 제공하는 것은 학생들의 주의력을 높이고 기억회로를 발달시키며 내용에 몰입시키기에 매우 좋은 방안이다.

학습자들의 내적 동기는 결국 각자 수업내용을 받아들이고 스스로 의미를 구성하는 과정에서 우러나오는 것이지만, 학습자가 그런 학습 동기를 유발시킬 수 있도록 교사가 활용할 수 있는 방안은 많이 있다. 학생들이 스스로 학습 동기를 불러일으켜서, 뭐든 가르치기만 하면 다 배울 자세를 갖추고 교실에 앉아 있기를 바라서는 안 된다. 교사가 먼저 나서서 학생들이 인지적으로나 정서적으로 학습하기에 적합한 상태가 되도록 환경을 조성해주어야 한다. 학습에 도움이 되는 교실환경을 마련하고, 학생들에게 동기를 부여할 수 있는 학습활동이나 경험을 개발하고 실행하는 것이 그 방안이 될 수 있다. 학습활동은 학생들의 감정을 효과적으로 불러일으킬 수 있어야 하고, [표 10.1]의 요인들을 담고 있어야 한다. [표 10.2]와 [표 10.3]은 교실환경을 정서적으로 안정된 분위기로 만들고, 학생들이 부정적인 감정을 느낄 때 현명하게 다룰 수 있도록 도와주는 전략을 소개한다.

표 10.2 **화목한 교실환경을 만들기 위한 15가지 전략**

1. 학생들에게 '감정적 뇌'에 대해 알려주고, 감정이 격한 상태에서 어떤 행동을 하려 할 때 스스로 그 상태를 인지하고 평상심을 찾을 수 있는 방법을 가르쳐준다.

2. 학생들에게 갈등을 평화롭게 해결하고 조절할 수 있는 유용한 전략들을 가르쳐준다.

3. 교실 내에서 다양한 명언과 인용구를 활용한다. 응원, 구호, 노래 등을 활용해서 모두 가 한 가족 같은 교실 분위기를 형성한다.

4. 일일 계획표, 개인 일정표, 메모장, 개인 알림장 등을 활용하여 학생들이 스스로 자신 의 일상을 정돈할 수 있도록 도와준다. 학생들이 일상 과제를 잘 관리하고 조율할 수 있도록 돕는 것은 이 시기에 경험할 수 있는 다양한 스트레스를 줄여줄 수 있는 좋은 방법이다.

5. 학내 상담 및 멘토 프로그램을 만들어, 학생들이 자신의 개인적인 문제나 학업 문제를 전문 상담가나 멘토들과 정기적으로 나눌 수 있는 기회를 마련해준다.

6. 학생들이 부정적인 감정이나 소모적인 감정들을 해소할 수 있도록 여러 가지 방안을 활용한다. 이런 기법에는 긴장 이완법, 또래 모임, 문제 내다 버리기, 학습성찰일지 등 이 있다([표 10.3] 참고).

7. 신체 활동, 기운을 북돋우는 활동, 스트레칭 등 여러 가지 건강 유지법을 활용하여 학 생들이 감정을 조절하는 데 도움을 준다.

8. 학생들이 학급에 관련된 제안이나 발언을 부담 없이 할 수 있도록 건의 상자를 만든다.

9. 무기명 설문조사와 같은 방법을 이용해, 교실수업이나 수업전략에 대한 학생들의 태도 와 생각을 주기적으로 모니터링하고 평가한다.

10. 학생들의 과제에 대해 보완할 점 등을 구체적으로 지적해주면서 피드백을 줄 때는 운 동 감독들이 흔히 쓰는 '샌드위치 기법'을 이용하도록 한다. 이것은 교사가 어떤 의견 을 말하거나 피드백을 줄 때, 학생들의 장점이나 성취 등에 대해 긍정적인 말을 하면 서 그 사이에 비판적인 조언을 넣어서 전달하는 기법이다.

11. 학생이 이루어야 하는 학업 성취목표와 도달점을 명확하게 설정해준다. 다양한 평가 과제의 수행기준이나 평가기준을 학생들과 함께 토론하여 만들고, 이를 일목요연하 게 정리하여 학생들이 쉽게 볼 수 있는 곳에 게시한다.

12. 학생들의 주의를 끌고 몰입을 유도할 수 있는 혁신적 방안들을 다양하게 활용한다. 이야기에 아이들의 호기심을 끄는 요소를 넣거나 박진감 있는 이야기를 들려주면 학생들의 주의를 끄는 데 도움이 될 것이다. 그 외에 아이디어와 상상력을 불러일으키는 영상, 논란이 될 소지가 있는 인용구, 대립되는 두 개의 관점, 색다른 정보를 담은 문서, 인지 부조화를 일으키는 사실이나 물건, 사전 홍보물, 참신한 물건, 감정을 자극하는 음악 등은 학생들이 새로운 주제나 수업, 단원에 흥미를 갖도록 해주는 매우 효과적인 방법들이다.

13. 학생들이 이룬 학업성취를 기념할 수 있는 구체적인 방안을 마련한다. 상장이나 기념 티셔츠, 성적우수 카드, 골든펜 상(golden pen award, 작문 실력이 우수한 학생에게 주는 상—옮긴이) 등이 있을 수 있다. 학생들이 이룬 것이라면 아주 사소한 성취라도 빠짐없이 찾아내어, 누구나 다 상을 받을 수 있도록 한다.

14. 학생들이 활기차고 즐거운 마음으로 수업에 임할 수 있도록, 그러한 감정적 요소를 자극하는 학습활동을 구성한다. 가령, 역할극, 게임, 모의상황 연출, 연극, 현장견학, 즉흥극 등이 있을 수 있다.

15. 음악을 일상 속에서 자주 활용하여 교실 내 분위기를 조절한다.

※위의 전략들은 본 책 196쪽 '용어 해설'에서도 확인할 수 있다.

표 10.3	십대들의 부정적인 감정을 해소할 수 있는 3가지 유용한 전략
전략	**작용 원리**
1. 또래 모임 혹은 학급회의 (Circle of Friends)	또래 모임이란 하루 중 혹은 주중 특정 시간에 하는 학급회의를 말한다. 반 학생들은 원형으로 둘러앉아 개인적인 문제나 학급 혹은 학교와 관련된 사안을 자유롭게 제안하고, 다른 학생들의 지지와 조언을 이끌어 내기 위해 토론한다. 모임의 운영 기준과 규칙은 학생들이 모두 함께 정하고, 이를 지키기로 합의한다. 어떤 교사들은 캐나다 원주민의 관습이었던 '발언 막대'를 사용하기도 하는데, 이것은 둘러앉은 자리에서 막대기를 가진 사람이 돌아가며 발언을 하는 방식이다. 이런 또래 모임은 생활 속에서 주기적으로 열어야 효과적이다.
2. 문제 내다 버리기 (Trash Your Troubles)	단순한 방법이지만, 학생들의 부정적인 감정을 해소하는 데 대단히 효과적인 방법이다. 수업을 시작할 때 학생들에게 현재 자신을 가장 괴롭히는 문제를 종이에 적게 한 다음, 그 종이를 구겨서 쓰레기통에 힘차게 버리도록 한다. 이렇게 함으로써 '자신의 문제를 내다 버리는' 효과를 낼 수 있다. 학생들은 적어도 남은 수업시간 동안은 자신의 문제가 쓰레기통에 들어 있다는 생각을 하게 된다.
3. 또래 중재 (Peer Mediation)	또래 중재는 전문 훈련을 받은 또래 학생이 중재자 역할을 맡아 갈등 및 분노 상황을 해소하는 프로그램으로, 많은 중·고등학교에서 이 프로그램을 도입하고 있다. 심각한 학내 갈등 상황을 줄이고, 모든 학생이 평화적인 방식으로 능숙하게 갈등을 해결할 수 있도록 돕는다.

※위의 전략들은 본 책 196쪽 '용어 해설'에서도 확인할 수 있다.

행복이 넘치는 교실

아래 사례를 읽으면서, 교사가 긍정적인 교실환경을 조성하는 데 사용한 방법들을 정리해 보자.

교실 벽에는 역사적 인물들이 남긴 긍정적인 명언이 포스터나 차트 형태로 한가득 걸려 있다. 명언들은 대개 인내, 존경, 성품, 최선, 성실, 정직, 신뢰 같은 내용을 다루고 있다. 교사는 이런 명언들을 많이 모아 놓고, 주기적으로 번갈아서 벽에 게시한다. 교사는 학생들에게 "기억해 두렴. 퀴리 부인이 이런 말을 한 적이 있지…." 혹은 "마크 트웨인은 항상 이렇게 말했지…."라는 식으로 종종 말을 건넨다. 또한 교사는 긍정적인 문구가 새겨진 티셔츠와 상장을 여러 개 준비해 놓고 독특한 이유를 붙여 학생들에게 상을 준다. 가령, 이런 식이다. "민서는 선생님처럼 엉뚱한 유머감각이 있기 때문에 오늘 이 노벨상을 수여합니다." 학생들은 겉으로 내색하지는 않지만, 교사가 기운을 북돋워줄 필요가 있는 학생에게 상장을 주며, 누구나 한 번씩은 상장을 받게 된다는 것을 알고 있다. 그 밖에도 교사는 '박수로 응원하는 박스'라는 이름의 투표함을 만들어, 누구든 박수를 받을 만한 공로나 기타 이유가 있으면 익명으로 그 학생의 이름을 써서 투표함에 넣도록 했다. 교사가 투표함에서 일주일에 한 번씩 한 학생의 이름을 꺼내면, 반 전체가 일어나 그 학생에게 (심지어 그 학생이 없다고 하더라도) 박수를 보낸다. 교사는 그 학생이 '박수를 받을 만한' 공로를 세웠음을 반 아이들 전체가 인정한다는 뜻으로 손 모양의 상장을 수여한다.

11장

뇌친화적 수업원리 08
학습성찰과 자기평가를 생활화하라

자신을 아는 것

십대들은 학습에 대한 성찰과 자기평가 과정을 통해 좀 더 효율적으로 학습할 수 있다. 남들에 비해 효율적으로 학습하는 학생들은 자신이 배운 내용이 무엇이고, 그러한 학습내용이 자신에게 어떤 의미인지를 생각한다. 바로 이 점이 효율적인 학습자와 효율적이지 못한 학습자를 나누는 기준이 된다. 효율적인 학습자는 여러 가지 사고기법과 문제해결 방식을 알고 있어, 그중 어떤 기법이 자신의 현재 상황에 맞는 최선의 방식인지를 곰곰이 생각하여 적용한다. 또한 그들은 하나의 해결전략을 다른 상황에 응용하여 적용할 줄도 안다. 또한 학습과정을 살피는 능력은 배운 내용을 기억에 더욱 또렷이 남게 하며, 지식을 단편적인 수준에서 깊이 있는 학습으로 옮겨갈 수 있게 한다. 학습자가 자신의 학습과정을 살펴보고, 종합하고, 요약하며, 평가하고, 검토하는 이러한 자기평가 과정을 학습성찰과 상위인지 과정이라고 한다. 『Education on the Edge of Possibility(위기의 교육)』에 따르면, 학생들이 학습내용을 오랫동안 기억하게 하려면 '학생들이 학습과정을 주도적으로 이끌면서 의미를 능동적으로 탐구해가도록' 해야 한다. 이런 과정은 '학습성찰과 상위인지' 활동을 통해 일어나며, '자신의 학습과정을 되짚어 보면서 내용을 깊이 이해할 수 있어야' 참다운 학습이 일어난다. 즉, 학습성찰과 상위인지는 정보가 뇌에서 장기기억으로 남을 수 있도록 도와준다.

> **효율적인 학습자는 자신이 무엇을 배웠으며, 그 배움이 자신에게 어떤 의미인지를 생각한다.**

학습성찰

학습성찰(Reflection)이란 학습자가 배운 내용을 뇌에 단단히 '새겨두기 위해' 학습과정과 내용을 곰곰이 살펴보는 과정을 말한다. 이러한 과정을 통해 뇌는 정보를 분류하고, 재배열하며, 정보 간의 관계를 재정립함으로써, 학습자가 학습내용을 자신의 것으로 소화할 수 있게 한다. 또한 이런 학습성찰 과정을 통해 기존의 정보와 새로운 정보가 서로 연결되면서 신경회로가 다시 만들어진다. 이와 관련하여 교육학자 로빈 포가티는 다음과 같이 말한다. "학습성찰을 통해 학습자는 능동적으로 의미를 구성하고, 정보를 한층 더 깊이 이해하게 된다. 또한 학습성찰은 학습의 목표를 뚜렷이 하고, 학습과정을 개인에게 의미 있는 과정으로 만들어 주며, 중요한 내용을 깊이 이해하고, 집중하여 기억하게 한다"(Fogarty, 1998). 바로 이러한 과정을 거칠 때 '학습 전이(transfer of learning)'가 일어난다. 학습 전이란 학습자의 학습수준이 단순히 지식을 습득하는 단계를 넘어 그 지식을 일반화하고 적용하는 단계로 이동하는 것을 말한다. 학습효과가 오래 지속되려면 바로 이러한 학습 전이가 일어나야 한다. 교사가 이러한 과정을 촉진할 때, 학생들은 학습내용에 담긴 의미를 제대로 파악하고 깊이 이해할 수 있다.

> 상위인지는 생각하는 과정에 대해 생각하는 것이다.

상위인지

상위인지(Metacognition)는 흔히 생각하는 과정에 대해 생각하는 것이라고 말한다. 즉, 상위인지는 학습자가 여러 가지 학습과제에 대해 자신의 수행능력을 예측하고, 현재 자신이 알고 있는 정도와 이해 수준을 관찰하고 평가하는 능력이다. 학습자가 자신의 부족한 부분을 제대로 알고, 그 부분을 보완하기 위해 한 단계씩 노력하는 것은 모든 연령대의 학습자에게 매우 중요한 일이다(Bransford et al., 2000).

상위인지는 자신의 학습과정에 대해 스스로에게 피드백을 주는 것이다. 이러한 자기평가 과정은 학습을 지속하는 데 절대적으로 중요하다. 상위인지는 무언가를 처음 배워 나가는 시점에 학습을 올바른 방향으로 계속 해 나가도록 할 뿐만 아니라, 그러한 학습과정을 강화하여 다른 학습과정에도 적용할 수 있게 한다. 즉, 학습 전이가 일어나는 것이다. 브랜스포드 연구팀이 인용한 연구에 따르면, 상위인지를 활용한 교수전략을 통해 배운 학생들은 자신이 배운 내용을 새로운 상황에 적용하는 능력이 훨씬 향상되었다고 한다. 이처럼 상위인지를 활용한 교수전략은 주로 학습내용에서 의미를 찾아 구성하고, 스스로 평가하며, 학습과정에서 효과적이었던 부분과 보완할 부분이 무엇인지를 검토하는 과정을 강조한다. 하지만 대부분의 학자들은 학생들이 상위인지를 활용하는 방법을 잘 모르고 있고, 설사 안다 하더라도 이를 일관되게 활용하지 못한다고 말한다. 따라서 학생들에게 상위인지를 활용하는 학습전략을 의식적으로 가르칠 필요가 있다.

뇌친화적 수업, 어떻게 할까
: 학습성찰과 자기평가를 생활화하자

십대들의 뇌는 인지적 능력이 이제 막 성숙되는 단계에 접어들었기 때문에, 자기 자신의 학습과정을 반성하거나 스스로 평가하는 일에 능숙하지 않다. 또한 의사결정을 할 때 감정에 치우치는 경향이 강하고 자아정체감이 아직 불완전하기 때문에, 자신의 학습이 어땠으며 어떤 학습 방안이 가장 효과적인지를 합리적으로 평가하지 못한다. 하지만 학습성찰과 자기평가 능력은 청소년들이 꼭 지녀야 할 고등 사고능력이다. 교사들은 학생들에게 학습성찰과 상위인지 학습전략에 대해 분명한 지침을 제시하고, 학생들이 학습과정에서 이러한 전략을 수행할 수 있도록 기회를 충분히 마련해주어야 한다. 즉, 학생들이 수업내용을 이해할 수 있도록 충분한 시간을 주고, 학생들 스스로 자신의 학습과정을 되짚어볼 수 있게 한다. [표 11.1]은 학습성찰에 능숙한 학습자로 만들기 위한 몇 가지 전략을 보여 준다.

표 11.1 학습성찰에 능숙한 학습자로 만들기 위한 전략

- 학습내용을 일반화하여 다른 상황에 적용해볼 수 있게 하는 학습활동이나 학습경험을 활용한다.
- 학습과정 중에 형성평가를 실시하여 상세한 피드백을 제공한다. 즉, 학습과정에서 잘한 점은 무엇이고 개선할 점은 무엇인지, 학습목표에 도달하려면 무엇을 해야 하는지에 대해 구체적인 조언이나 정보를 제때 제공하도록 한다.
- 새로운 학습내용을 종합하고, 요약하고, 평가할 수 있도록 그래픽 오거나이저와 같은 시각화 도구를 활용한다. 가령, 학습과제에서 '잘한 점–잘못한 점–흥미로운 점'을 써보거나(PMI; de Bono, 1985), '알고 있는 것–알고 싶은 것–알게 된 것'(KWL; Ogle, 1986), '문제 인식–문제 파악–문제 해결법'을 써보게 한다. 혹은 아이디어를 끌어내는 데 효과적인 '여섯 색깔 모자(Six Thinking Hats; de Bono, 1985)' 기법 등을 사용할 수도 있다. (이러한 기법에 관한 상세 정보는 본 책 196쪽 '용어 해설'을 참고하길 바란다.)
- 학생들이 상위인지 능력을 이용해서 자신의 학습과정을 되짚어보게 하는 질문을 만든다. 예컨대, '오늘 수업내용 중에서 가장 중요한 것은 무엇이었는가?', '왜 그렇게 생각하는가?', '~한 경우, 반드시 기억해 두어야 할 것은 무엇인가?', '~를 하는 데 어떤 부분이 가장 도움이 되는가?' 등의 질문을 할 수 있다.
- 자기평가나 동료평가, 복습 질문, 수행평가 등의 평가방식을 활용한다. '복습 질문(academic prompts)'이란 "학생들이 단순히 정보를 외워서 답하는 게 아니라, 비판적인 사고과정을 거쳐 가장 적절한 해결책을 찾거나 과제를 완성하게 하는 개방형 질문이나 과제"를 말한다(Wiggins & McTighe, 1998).
- 학생들에게 성찰적으로 질문하는 법을 가르쳐서 상호교수법과 같은 활동 중에 서로에게 질문하도록 한다. 예컨대 다음과 같은 질문을 던진다. '이 다음에는 무슨 일이 일어날까?', '왜 그렇게 생각했어?', '그렇게 생각한 근거는 뭐야?'
- 마지막으로 교사 스스로 자신의 학습경험과 과정을 돌아보고 (성찰 과정을 크게 소리 내어 학생들과 나누라), 그 성찰에 근거해 자신의 교수법에 대한 생각과 방식의 변화에 도전해본다.

시각디자인 수업에서의 피드백과 학습성찰 기법 활용

다음의 사례를 읽고 교사가 학생들을 성찰하는 학습자로 만들기 위해 어떤 전략들을 사용했는지 생각해 보자.

고등학교 시각디자인 수업시간, 교사는 학생들을 프로젝트 수업으로 가르친다. 학생들은 1년 동안 여러 가지 프로젝트에 참여하면서, 각 프로젝트의 주제와 개념, 예술 기법에 대해 자신이 이해한 내용을 과제물을 통해 보여주어야 한다. 교사는 학생들이 프로젝트를 완수할 때마다 학생들의 학업성취에 도움이 될 수 있는 조언을 해주기 위해 두 가지 피드백 방법을 도입했다.

첫 번째 방법은 '조언', '목표', '성공', '생각거리'라는 네 가지 항목으로 구성된 '학습평가 성찰지'를 이용하는 것이다. 교사는 각 항목에 해당하는 내용을 기술하여 학생들에게 피드백을 주게 된다. 가령, '조언' 항목에는 학생이 프로젝트를 완수하는 데 필요한 제안이나 힌트, 단서 등을 제공하고, '목표' 항목에는 학생이 프로젝트의 목표로 삼아야 할 부분을 제시한다. 또한 '성공' 항목에는 학생의 프로젝트에서 잘된 점과 설득력 있는 부분을 짚어 준다. 끝으로 '생각거리' 항목에는 학생이 다시 한 번 짚어봐야 할 문제나 앞으로의 발전 가능성에 대해 써넣는다. 학생들이 자신의 학습을 스스로 돌아보며 평가하게 하는 이런 '학습평가 성찰지'는 2주 단위로 또래 친구들과 교사가 함께 항목을 채워 해당 학생에게 건네주게 된다.

두 번째 피드백 방법은 프로젝트를 진행하는 6-8주 정도의 기간 동안 교사가 학생들과 두 번 정도 만나서, 학생들이 주도하는 중간점검을 30분 정도 하는 것이다. 중간점검을 하는 동안 학생들은 자신이 수행한 과제물에서 잘된 부분이 무엇이며, 수업에서 다룬 다양한 기법과 주제를 어떻게 전달하고 있는지를 교사에게 설명한다. 이런 과정을 통해 학생들은 프로젝트를 통해 전달해야 하는 메시지와 시각적 효과를 강화하기 위해 보완할 점 등에 대해 다시 확인하고 점검해보게 된다. 또한 중간점검 중에 교사는 학생들에게 프로젝트의 주제를 제대로 이해하고 있는지, 그것을 설명하기 위해 예술적 기법을 제대로 사용하고 있는지를 알아볼 수 있는 질문을 던진다. 중간점검이 끝날 즈음에는 학생들에게 자신의 프로젝트에서 잘된 부분과 개선할 부분을 말하고, 왜 그렇게 생각하는지를 설명하게 한다. 면담이 끝난 후 학생들은 교사가 그들의 프로젝트를 보면서 기록한 프로젝트의 핵심요소와 장점, 여러 관찰 내용에 대한 리스트를 받게 된다.

※위에서 말한 '학습평가 성찰지'의 네 가지 항목은 휴즈와 배스(Hughes & Vass, 2001)의 연구를 바탕으로 만들어졌다.

12장

뇌친화적 수업원리 09
상호작용과 협동을 중시하라

십대들은 다양한 성격의 집단 속에서 여러 사람들과 어울리며 상호작용할 때 가장 잘 배운다. 청소년들은 대개 사회성이 매우 발달해 있기 때문에 또래 친구들과 서로 교류하고 어울리기를 좋아하고, 이러한 교우 관계를 중요하게 생각한다. 아이들은 청소년기에 접어들면서 가족들에게 관심을 기울이고 헌신하기보다는 또래집단에 소속되기 위해 더 많이 노력하며, 이러한 변화는 그들의 가치관이나 행동양식에 그대로 반영된다(Sylwester, 2003). 2004년 11월에 발표된 뇌와 학습에 관한 OECD 보고서에 의하면, 청소년들은 사회적 기술을 학습하는 능력이 매우 발달해 있으며, 이 시기는 사회적 학습이 이루어질 수 있는 절호의 기회라고 한다. 이는 청소년기 학생들을 가르치는 교사가 특히 관심을 가져야 할 부분이다. 사회적 상호작용과 협동은 뇌기반 교수·학습의 본질적이고 핵심적인 요소이다. 뇌는 다른 사람과의 대화를 통해 서로 생각과 정보를 비교하고 공유하는 학습과정을 거칠 때 가장 잘 배운다. 이와 관련하여 케인 부부(Caine & Caine)는 다음과 같이 언급한다. "교육자로서 우리의 근본적 과제 중 하나는 학생들이 사회적인 상호작용 속에서 지식을 어떻게 구성하는지를 깊이 이해하는 것이다"(1994). 무언가를 배울 때 저마다의 인지과정에 따라 각자 의미를 구성하기는 하지만, 우리가 다른 사람들로부터 많은 것을 배운다는 사실 또한 잊어서는 안 된다. 즉, 학습은 그 자체로 사회적인 활동으로 보는 것이 옳다. 마자노(Marzano)와 동료 연구자들은 그들의 저서『Classroom Instruction That Works: Research-Based Strategies for Increasing Student Achievement(효과적인 교수법: 학업성취 향상을 위한 연구기반 전략)』에서 학생들을 협동그룹에 적절하게 편성하면 성취도와 학습효과 면에서 전반적으로 향상된다는 사실을 보여주었다(Marzano, Pickering & Pollock, 2001). 다음의 [표 12.1]은 사회적 상호작용과 학습에 관한 교육학자 네 명의 관점을 요약한 것이다.

표 12.1 사회적 상호작용 학습에 관한 견해
"협동학습은 개념 학습, 창의적인 문제해결 연습, 언어학습, 의사소통 능력 향상에 특히 효과적이다."(Kovalik, 1994)
"뇌는 다른 사람과 조화를 이루어 무언가를 할 때 발달이 촉진된다…서로 대화를 통해 감정과 느낌을 공유하고, 주제에 대해 토론하고, 브레인스토밍이나 문제를 직접 해결하는 과정에서 엄청난 양의 학습이 일어난다."(Jensen, 1998a)
"긍정적인 자세로 서로 상호작용하는 과정은 뇌의 역량을 강화한다…교사가 학생들에게 다른 사람과 협동할 수 기회를 마련해 주는 것은 각 학습자들에게 학습역량을 향상시킬 수 있는 중요한 자산을 주는 것이다."(Kaufeldt, 1999)
"몇몇 연구는 혼자 문제를 해결하는 방식보다 모둠을 구성하여 문제를 해결하는 방식이 좀 더 효과적이라고 말한다. 또한 다른 사람들과 서로 생각을 교환하고 토론하는 과정에서 인지적인 발달이 일어날 수 있다고 한다."(Bransford et al., 2000)

한 연구에 의하면 학생들이 대화에 참여하고 다른 사람과 의견을 나누는 기회

가 많을수록, 혹은 다른 친구가 모르는 것을 직접 가르쳐주는 경험을 많이 할수록 학습이 더 잘 일어난다고 한다(Parry & Gregory, 1998). 다른 사람과 대화를 하는 것이 뇌에서 학습이 일어나게 하는 중요한 열쇠인 것 같다. 이러한 연구 결과를 토대로 일부 연구자들은 십대들의 학업향상을 위해서는 서로 다양한 방식으로 자주 의사소통을 하는 것이 중요하다고 주장한다. 뇌는 다른 사람이 보이는 반응을 바로 받아들이고 반응하기 때문에, 십대들은 (그리고 그들의 뇌는!) 다른 사람과 상호작용할 때 자신의 생각을 다른 사람들이 생각하는 맥락에 비추어 재검토하고, 성찰하고, 평가할 수 있다. 이를 통해 뇌는 패턴과 연관성을 재분석하여 견고한 신경회로를 구축하게 된다.

뇌친화적 수업, 어떻게 할까
: 상호작용과 협동의 기회를 마련해주자

학생들은 다른 사람과 의견을 주고받으며 협력하는 과정 속에서 더욱 효과적으로 배우기 때문에, 교사들은 학습자 간의 상호작용이 일어날 수 있는 기회를 학생들에게 충분히 마련해주어야 한다. 하지만 때로 십대들은 문제를 혼자 고민해서 해결하고 싶어 하며, 교사는 이런 사실 또한 염두에 두어야 한다. 따라서 학생들에게 다양한 학습기회와 활동을 제공하여, 다른 사람과의 협력적 학습과 개별적 학습을 고루 경험할 수 있도록 해야 한다.

교실 내 사회적 상호작용과 협동을 위한 8가지 실천 방법

1 학급 전체가 참여하는 활동부터 10명 이상의 큰 모둠, 3-4명 정도의 작은 모둠, 혹은 짝꿍과 둘이 하는 활동 등 다양한 형태의 모둠 활동을 계획하여 학생들을 참여시킨다.

2 학생들이 학습과제를 혼자 해결해보면서, 자신의 학습과정을 되짚어보고 스스로 평가할 수 있는 시간을 마련해준다.

3 협력 과제를 하는 동안 다른 친구들과 원활하게 소통할 수 있도록 모둠 활동에 필요한 규칙과 기법, 지침을 가르쳐주도록 한다.

4 다른 친구들과 과제를 공유하고, 서로의 의견에 대해 토론하고, 질문하고, 반성적으로 검토하고 평가하게 하는 다양한 모둠 구성 방식과 활동을 활용한다.

5 학생들이 모둠 안에서 다양한 역할과 책임감을 경험해볼 수 있도록 하는 학습경험과 평가 활동을 계획한다.

6 또래 친구들을 직접 가르쳐보거나 친구들끼리 서로 가르쳐보게 하는 시간을 자주 마련한다.

7 학생들이 자신의 의견을 자유롭게 말하고, 엇갈린 주장에 대해 거리낌 없이 토론하고, 자신의 생각이나 질문, 다시 생각해봐야 할 것들을 친구들과 공유하는 것이 일상화되어 있는 교실환경을 만들도록 한다.

8 학생들이 학습을 공동의 책임으로 여기며, 누구나 자신이 학습 공동체의 일원임을 느낄 수 있도록 하는 교실환경을 조성한다.

나눔 학습의 기틀이 되는 모둠 구성 방법

교사로서 학생들의 상호작용, 협동·공동학습의 기회를 극대화하는 방향으로 학습경험을 조직하는 일은 매우 중요하다. 수많은 학자들은 교사들이 활용할 수 있는 다양한 모둠 구성 방안을 개발하고 제안해 왔다. 대개 둘씩 짝을 짓거나 작은 모둠을 만들거나, 혹은 학급 전체가 하나의 모둠이 되어 서로 협력하면서 학습하는 방법이다. [표 12.2]는 교사들이 활용할 만한 모둠 구성 방법 6가지와 구성 원리를 설명하고 있다. 아래의 모둠 구성 방법과 그 외의 다른 방법들에 대해서는 본 책 196쪽 '용어 해설'에 자세히 설명되어 있다.

표 12.2 교실 내 나눔 학습을 위한 6가지 모둠 구성 방법

모둠 구성	구성 원리
1. 생각하고 짝과 공유하기 (Think-Pair-Share)	학생들이 질문에 대해 각자 생각하여 간단한 과제를 수행한 후, 둘씩 짝을 지어 서로의 생각을 나누고, 반 전체 아이들과 그 내용을 공유한다.
2. 직소 그룹 활동 (Jigsaw Groups)	우선 학생들 4-5명이 '기본 모둠'이 된다. 기본 모둠의 학생들은 각자 서로 다른 '전문가 모둠'으로 이동하여, 각 전문가 모둠에서 특정 주제나 생각에 대해 토론하고 생각을 나누면서 그 주제에 대해 전문가가 된다. 이렇게 특정 주제의 전문가가 된 학생들은 다시 자신의 기본 모둠으로 돌아가, 각기 소속되었던 전문가 모둠에서 학습한 정보를 서로 가르치고 공유한다. 이렇게 각자 전문가 모둠에서 배운 지식을 바탕으로 기본 모둠 구성원들은 서로 협력하여 학습과제나 학습활동을 완수한다.
3. 이중 원 복습활동 (Inside and Outside Circles)	두 겹의 원을 만들어 학생 전원을 두 원에 나누어 배치한다. 안쪽 원과 바깥쪽 원의 학생들은 서로 마주 보고 있으며, 마주 보는 학생 둘씩 서로 짝을 짓는다. 교사는 학생들에게 30초에서 1분가량 시간을 주어 서로 토론을 하거나 질문에 답하도록 한다. 그 다음 어느 한 원에 있는 학생들에게 오른쪽이나 왼쪽으로 두세 명(숫자는 정하기 나름이다) 가량 이동하도록 한다. 이제 새로 짝이 된 학생들끼리 앞에서 했던 질문과 다른 질문을 서로에게 던진다. 만약 새로운 답변이 예상되는 경우, 이전과 동일한 질문을 던져도 괜찮다. 가령, 이런 질문을 할 수 있다. "오늘 우리가 배운 내용 중에서 가장 중요한 내용은 뭐지?" 이러한 방식은 탁월한 복습 전략이며, 2개의 학습 모둠을 서로 짝지어주기 위해 사용되기도 한다.

4. 번호제 역할 모둠 (Numbered Heads)	학생들은 3-5명 정도로 모둠을 구성하여, 교사가 던지는 질문에 대해 답안을 작성하거나 학습활동을 수행하게 된다. 학생들은 누구나 교사의 질문에 답할 수 있는 준비가 되어 있어야 한다. 교사는 각 모둠의 학생들에게 번호를 부여하고, 모둠과 학생의 번호를 호명하여 교사의 질문에 대한 답을 반 전체 아이들과 공유하게 한다.
5. 모둠별 탐구 (Group Investigations)	높은 사고력과 학습 기술이 필요한 모둠 방법으로, 각 모둠의 학생들이 학습과제를 조사하고 탐구하는 과정을 주도적으로 이끌어야 한다. 학생들은 교사가 제시한 학습주제를 중심으로 연구질문을 만들고, 그러한 질문에 대해 조사할 수 있는 전략을 찾아 정보를 모으고, 그러한 정보를 취합하고 분석하여 결과를 도출하고, 연구결과를 표로 만들어 반 학생들 앞에서 발표한다.
6. 팀-게임- **토너먼트 협동학습** (Teams-Games- Tournament)	이 활동은 직소 그룹 활동과 비슷하지만, 주로 학생들의 이해를 확인하기 위한 복습활동으로 활용된다. 우선 학생들은 3-4명으로 구성된 기본 모둠에서 앞서 배운 내용을 복습한다. 그 다음 학생들은 제각기 흩어져 토너먼트 모둠을 편성하는데, 각 기본 모둠에서 한 명씩 차출하여 구성하도록 한다. 토너먼트 모둠의 학생들은 앞면에는 질문, 뒷면에는 답이 적힌 게임카드를 활용하여 질문에 답한다. 학생들은 각자 답변을 기록해 두고, 정답을 맞힌 수만큼 점수를 받는다. 각 토너먼트 모둠별로 일정 수의 질문을 다 돌려볼 때까지, 혹은 정해진 시간 내에 최대한 많은 질문에 답하는 방식으로 활동을 진행한다. 그 후 학생들은 다시 본래의 기본 모둠으로 돌아가서 개별 점수를 합산하여 모둠 점수를 산출한다. 가장 높은 점수를 획득한 기본 모둠이 우승의 영광을 누린다.

직소(Jigsaw) 그룹 활동을 이용한 정치사 수업시간

다음의 사례를 읽으면서 다음 질문에 대해 생각해 보자.

1. 교사가 주로 사용하는 모둠 구성 방법은 무엇인가?
2. 교사는 학생들 간의 상호작용을 늘리기 위해 직소 그룹 활동 외에 어떤 전략을 사용하고 있나?
3. 이런 전략들을 여러분의 학급에서 어떻게 활용할 수 있을까?

고등학교 정치사 수업시간, 학생들은 새로운 정당이나 정치 운동의 역할과 발달 과정, 이런 것들이 정치적인 흐름에 끼친 영향에 대해 살펴보고 있다. 우선 학생들은 기본 모둠을 구성하여 교사가 제시한 세 개의 질문에 대해 의견을 나눈다. 그 세 가지 질문은 다음과 같다. "새로운 정당이나 정치 운동은 어떻게 시작되는 가? 신생 정당들의 공통적인 특징은 무엇인가? 신생 정당이 주류 정치의 정책 결정 과정에 어떻게 영향을 미칠 수 있을까?" 학생들이 기본 모둠에서 어느 정도 토론을 하고 의견을 공유하고 나면, 교사는 각 모둠의 2번 학생을 호명하여 전체 학생들에게 자신의 모둠에서 나눈 이야기들을 요약해서 발표하도록 한다. 그 다음 학생들은 기본 모둠에서 각자 떨어져 나와 전문가 모둠으로 이동한다. 각 전문가 모둠은 하나의 사례를 가지고 과거 특정 소규모 정당이나 정치 운동이 그 시기 주류 정치에 얼마나 효과를 미쳤는지에 관해 토론한다. 전문가 모둠의 학생들은 각자 처음에 주어졌던 세 가지 질문에 대한 의견을 취합하여 그래픽 오거나이저에 기록한다. 전문가 모둠에 배정된 시간이 끝나면, 학생들은 기본 모둠으로 돌아가서 자신이 얻은 정보를 서로 공유한다. 각 기본 모둠은 이렇게 토의한 결과를 대형 차트에 요약해야 한다. 그리고 교사는 이 차트를 교실 벽면 곳곳에 게시하여 학생들이 돌아다니면서 다른 모둠의 토의 내용을 볼 수 있게 한다. 각 모둠은 교사가 정해준 시간이 끝날 때까지 차례차례 다른 모둠의 결과를 둘러보게 되고, 그동안 각 기본 모둠의 3번 학생은 차트 옆에 서서 자신의 모둠에서 정리된 내용을 간략히 설명해준다.

13장

뇌친화적 수업원리 10
신체 주기를 고려해 수업하라

가장 효과적인 학습시간과 시기는 언제인가?

수업 중 십대들의 학습능력이 가장 높게 발휘되는 때가 있으며, 뇌는 충분한 수면으로 적절한 휴식을 취했을 때 최상의 학습능력을 발휘한다. 따라서 학습이 언제 어떤 시기에 일어나는가를 아는 것은 학습능률을 높이는 데 매우 중요하다. 뇌의 학습능력은 하루 내내 같은 수준을 유지하지 않으며, 평생 똑같은 능력을 발휘하지 않는다. 즉, 뇌는 일상생활이나 발달과정에 따라 각종 신체 주기와 바이오리듬의 영향을 받으며, 이러한 것들이 학습에 영향을 미친다. 분명 뇌에서 학습이 가장 잘 일어나는 특정 시간대나 발달시기가 있다는 것이다.

유년기 초기나 청소년기에는 특정 학습유형이나 기술을 빠르게 습득한다. 이러한 능력을 담당하는 뇌 영역이 집중적으로 발달하는 시기에 이르면, 뇌는 관련 자극을 더욱 민감하게 받아들이기 때문에 학습이 잘 일어난다. 특히 청소년기는 뇌의 발달이 가속화되는 시기이기 때문에, 특정 학습유형을 빠르게 받아들이고 학습 처리과정에 필요한 기억 신경회로를 발달시키는 데 중요한 시기이다.

> **뇌의 학습능력은 하루 내내 또는 평생 한결같은 수준으로 발휘되지 않는다.**

　뇌의 에너지 수준과 학습효율성이 늘 최상의 상태를 유지할 수는 없다. 뇌는 여러 신체 주기의 영향을 받으며, 그에 따라 학습에 대한 집중도와 주의력이 달라진다. 또한 알다시피, 오랜 시간 동안 고도의 집중력을 계속 유지하는 것은 뇌의 특성에 잘 맞지 않는다. 뇌는 어느 정도의 휴식을 필요로 한다. 마치 맥박이 뛰는 것처럼, 일정 시간 고도로 집중하고 나면 한동안 뇌의 에너지 수위를 낮추고, 다시 집중력을 발휘하다 잠시 에너지 수위를 낮추는 패턴을 반복하는 것이다.

　또한 하루 중 학습이 이루어지는 시간대도 뇌의 학습능력에 영향을 미친다. 학습자의 연령별로 학습에 몰입할 수 있는 시간대가 다르며, 사고능력이나 학습효율도 시간대에 따라 달라진다. 뿐만 아니라 대부분의 학생이 좌뇌와 우뇌 중에서 어느 한쪽이 우세한 경향을 보인다 하더라도, 이러한 우세 경향은 하루에도 수시로, 대략 90분에서 100분마다 변한다는 사실은 학습과 시간과의 상관관계를 더욱 복잡하게 만든다.

　뇌의 학습능력에는 앞서 언급한 신체 주기와 바이오리듬 외에도 호르몬 주기, 생애 주기, 월별/연중 주기 등 각종 주기가 영향을 미친다. 학생들만이 아니라 교사들도 이런 신체 주기의 영향을 받는다는 것을 생각해 볼 때, 수업 중에 학생들이 집중할 수 있는 시간을 조절하여 학습을 촉진하는 것은 사실 교사들에게 상당히 부담되고 힘든 일이다.

청소년기가 중요한 이유
출생 후 9-10세 무렵까지의 아동기 초기에는 뇌가 발달함에 따라 언어, 감각운동, 음악, 수리능력, 공간 지각, 읽기와 같은 기술을 습득할 수 있는 '기회의 창 (windows of opportunity)'이 많이 열린다(Sousa, 1999). 이처럼 뇌가 여러 기능을 습득하는 중요한 발달 시기는 청소년기에 다시 한 번 찾아온다. 청소년기에는 특히 감정 조절, 스포츠 경기에 필요한 운동기술, 추론 능력, 상위인지 능력이 눈에 띄게 발달한다. 청소년기에 일어나는 뇌의 역동적인 성장은 학습능력 향상을 위한 발판을 마련해 준다. 그러나 청소년기에는 뇌의 성장뿐만 아니라 일부 뉴런이 사라지는 '가지치기' 과정과 수초화 과정도 일어나기 때문에, 언어 발달, 정교한 신체 기술, 상위인지 능력 등 어떤 기술을 익히고 기억회로를 단단하게 만드는 과정이 청소년기 이후에 급격히 줄어들 수도 있다. 물론 그렇다고 해서 청소년기가 지난 다음에 이런 기술들을 배울 수 없다는 뜻은 아니다. 다만 청소년기에는 뇌가 이런 학습기술을 습득하는 데 매우 민감하게 반응하기 때문에, 인생에서 매우 중요한 시기인 청소년기에 이런 것들을 배우는 것이 더 효과적이다. 이처럼 발달연령이 학습에 미치는 영향은 청소년들을 가르치는 교사들에게 중요한 시사점을 준다.

청소년기는 뇌의 성장 발달, 학습과정에 있어서 중요한 시기이다. 이러한 발달은 특히 감정 조절, 고도의 운동기술, 추론 능력, 상위인지 능력에서 두드러진다.

주의집중력 주기

앞서 언급했듯이, 뇌는 주의집중력이 높은 시기와 낮은 시기가 주기적으로 나타난다. 이 주기는 성인의 경우 대략 20-25분 수기로 나타나며, 나이가 어릴수록 지속시간이 점점 짧아진다. 이러한 주의집중력 주기는 보통 학습자의 나이에서 2분을 더하거나 뺀 것과 같다. 가령, 14세인 경우 주의집중력 주기는 12-16분 정도가 된다. 연구자들에 의하면, 수업시간 중에 학생들의 주의가 흐트러질 만한 시점에 2-5분 정도 짧은 휴식시간을 갖거나, 배운 내용을 새롭게 적용해볼 수 있는 활동을 곁들일 때 학습효과가 가장 좋다고 한다(Jensen, 1995).

표 13.1 최적의 학습시간 패턴

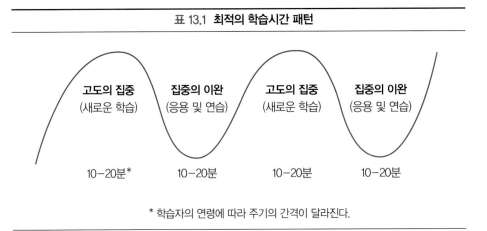

고도의 집중 (새로운 학습)	집중의 이완 (응용 및 연습)	고도의 집중 (새로운 학습)	집중의 이완 (응용 및 연습)
10-20분*	10-20분	10-20분	10-20분

* 학습자의 연령에 따라 주기의 간격이 달라진다.

> 뇌는 주의집중력이 높은 시기와 낮은 시기가 주기적으로 나타난다.

그러나 이런 학습시간 패턴만 잘 지킨다고 효율적인 학습이 일어나는 것은 아니다. 그 외에 수많은 요인들이 학습자의 주의력과 학습과제를 완수하는 시간에 영향을 미친다. 학습 동기, 학습과제에 대한 의욕, 학습유형, 개인적 관련성, 심지어 물리적 환경 등이 학습과정에 영향을 미치는 것이다. 특히, 십대들은 학습과제가 흥미롭고, 지적 호기심을 자극하며, 개인적으로 몰입할 수 있고, 학습 성과가 직접적으로 나타날 때 수업에 더욱 집중하게 된다.

이와 같은 사실을 생각해 볼 때, 학습자가 수업시간 내내 고도의 집중력을 발휘하기를 기대하는 것은 바람직하지 않다. 특히, 학생들이 수업시간을 지루해 할 때 다른 방식으로 가르쳐볼 생각은 하지도 않은 채, 무조건 학생들에게만 계속 집중하기를 기대해서는 곤란하다. 효율적인 수업을 위해서는 여러 가지 교수전달 방식을 마련해 두고 이를 번갈아 활용하면서, 고도의 집중력이 필요한 학습과제와 즐기면서 쉬엄쉬엄 할 수 있는 학습과제를 번갈아 제시하는 것이 좋다. 가령, 교사가 일방적으로 강의하는 시간은 15-20분 정도로 제한하고, 수업을 하는 중간중간에 몸을 움직이면서 할 수 있는 복습 전략이나 활동, 연습과제 등을 넣을 수도 있을 것이다.

수업 중 언제 학습이 잘 일어날까?

보통 수업시간 초반이나 마지막에 배운 내용이 수업 중간에 배운 내용보다 기억에 더 오래 남는다고 한다. 이러한 학습 원리를 가리켜 BEM원리(Beginning-End-Middle, 시작-끝-중간) 혹은 초두－최신 효과(Primacy-Recency Effect)라고 한다 (Sousa, 2006). 데이비드 수자(David Sousa)는 학습이 일어나는 동안 정보를 습득하고 기억을 유지하는 정도가 각 시점에 따라 달라진다는 사실을 그의 저서에서 여러 차례 인용한 바 있다. 가령, 수업시간이 40분이라면 처음 10-15분 동안의 학습이 가장 효과적이고, 그 다음 10-15분 동안은 학습효율이 낮아지며, 수업을 마치기 전 마지막 10분 동안 다시 학습효율이 높아진다고 한다.

> **학습효율은 수업이 시작할 때와 끝날 무렵에 가장 높아진다.**

　학습이 일어나는 시간에 따라 학습내용이 유지되는 시간도 달라진다. 즉, 교사가 학습내용을 전달하는 시간이 길어지면, 학생들의 주의력이 떨어져 수업내용이 더 이상 머리에 들어오지 않는 시간도 그만큼 늘어난다는 것이다. 놀랍게도 실제 연구결과 전체 학습시간 중에서 주의력이 떨어진 시간이 차지하는 비율은 학습시간이 길어질수록 증가했다고 한다. 데이비드 수자는 학습내용을 습득하는 데 가장 알맞은 시간은 20분 정도라고 제안한다. 만약 고등학교 교과 과정처럼 수업시간이 훨씬 긴 경우에는 원래 수업시간은 그대로 유지하되, 그 안에서 작은 단위로 시간을 나누어 수업을 하는 것이 좋다. 가령, 전체 수업시간이 80분이라면 20분 단위로 총 4회의 작은 수업을 구성하여, 학생들이 수업의 시작과 끝을 여러 번 경험하도록 하는 것이 좋다.

표 13.2 초두-최신 효과

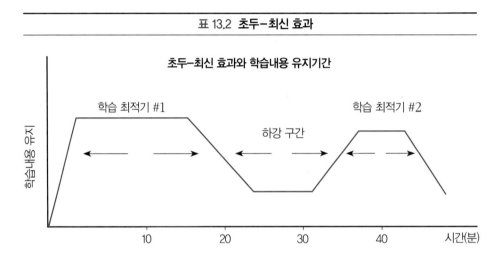

출처 : 데이비드 수자(David Sousa), 『뇌는 어떻게 학습하는가(How the Brain Learns)』(3판) Thousand Oaks, CA: Corwin Press.

청소년의 신체 주기

학습은 24시간 내내 효율적으로 일어나는 것이 아니다. 우리 몸 내부에는 신체 주기(circadian rhythm) 혹은 생체시계(circadian clock)라 부르는 생물학적 주기가 있어, 하루 중에 언제 학습이 가장 잘 일어나는지는 이 주기에 따라 결정된다. 뇌 시상하부(hypothalamus)의 영향을 받는 생체시계는 대략 24시간을 주기로 우리 몸에 생화학적 변화를 일으키며, 기상과 수면 시간, 뇌 활성화, 호르몬 생성 등 일상생활에 필요한 기본적인 신체 기능을 조절한다. 생체시계는 발달시기에 따라 달라지며, 심각한 스트레스를 받거나 수면장애를 겪을 경우 주기가 정상 범주에서 벗어나기도 한다.

무엇보다 가장 주목할 점은 아동과 청소년, 성인의 신체 주기가 뚜렷하게 다르다는 것이다. [표 13.3]은 청소년기와 청소년기 전후의 일반적인 신체 주기를 비교한 것이다. 그래프에 나와 있듯이, 청소년들은 청소년기 전후에 비해 오전에 각성되는 시점이 상대적으로 늦게 천천히 나타난다. 또한 오후에 뇌의 각성이 둔해지는 시점도 상대적으로 늦고 서서히 약해지며, 늦은 밤 시간 무렵에는 각성수준이 급격하게 떨어진다. 이런 정보들은 학교 수업 일정과 등하교 시간을 어떻게 계획해야 학생들의 학업 능률을 향상시킬 수 있는지를 보여주며, 특히 십대들을 가르치는 교사라면 수업을 효율적으로 계획하는 데 이런 정보를 유용하게 쓸 수 있을 것이다.

십대들과 함께 지내본 사람이라면 십대들이 밤늦게 자고, 아침에 일어나기 힘들어하며, 주말이 되면 부족한 잠을 몰아서 잔다는 사실을 익히 알고 있을 것이다. 또한 학교 일정을 시작하는 오전 9시나 9시 반이 되어도 뇌가 완전히 깨어나지 않는 십대들이 대부분이다. 이처럼 신체 주기가 급격히 변화하는 데다 학교 일정과도 잘 맞지 않기 때문에, 십대들은 대부분 수면 부족과 수면장애 등 만성적인 수면 문제를 겪는다. 청소년기에는 신체와 뇌가 급속도로 발달하기 때문에 십대들은 실제로 어린이나 어른들보다 더 많은 수면이 필요하다. 십대들은 보통 8-9시간 정도 숙면을 취해야 정상적인 활동을 유지할 수 있지만, 현재 대부분의 청소년들이 취하는 수면 시간은 고작해야 6시간 반에서 7시간 정도밖에 되지 않는다. 청소년들의 수면에 대한 여러 연구결과에 따르면, 전체 청소년의 70% 정도가 수면 부족에 시달린다고 한다. 청소년기에 수면 부족으로 고통을 받게 되면, 그로 인한 여파가 생애 발달과정에서 매우 중요한 청소년기 뇌 발달과 학습과정에 심각한 영향을 미친다.

문제는 십대들이 충분한 수면을 취하지 못한다는 데서 그치지 않는다. 수면이 부족할 경우 그날 배운 학습내용이 강화되고 통합되는 시기인 렘수면(REM sleep) 역시 놓치게 된다. 수면연구 분야의 권위자인 브라운대학교 메리 카스카돈(Mary Carskadon)에 의하면, 렘수면이 부족한 사람들은 우울해지기 쉽고, 기억력과 판단력이 떨어지며, 과제를 주었을 때 반응을 늦게 보이는 경향이 있다. 또한 수면시간이 가장 적었던 십대들은 학업성과 역시 가장 낮았다(Strauch, 2003).

> 수면 부족은 청소년기 학습과 뇌 발달에 매우 심각한 영향을 미친다.

표 13.3 신체 주기

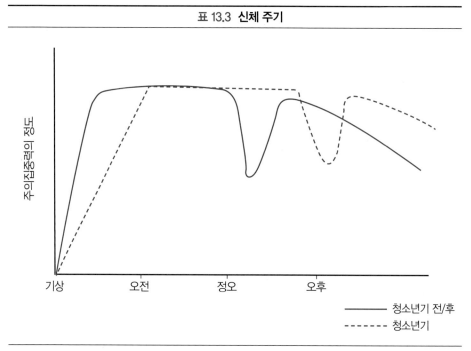

출처 : 데이비드 수자(David Sousa), 『뇌는 어떻게 학습하는가(How the Brain Learns)』(3판) Thousand Oaks, CA: Corwin Press.

뇌친화적 수업, 어떻게 할까

: 신체 주기를 고려해 수업을 계획하자

십대들에게 효과적인 수업전략을 계획하고 실행할 때는 학습시기와 학습시간을 중요하게 고려해야 한다. 우리의 뇌가 하루 24시간 내내 무언가에 계속 집중하고 배우는 것이 아니기 때문에, 교사들은 뇌의 집중도가 변하는 주기와 뇌의 활동 리듬을 최대한 고려하여 학습효과가 극대화될 수 있도록 교수·학습 일정을 구성해야 한다. 특히, [표 13.4]에 있는 교수전략과 고려 사항에 대해서는 각별한 주의를 기울일 필요가 있다.

표 13.4 최적의 학습시기를 고려한 교수전략

- 중·고등학교 교사들은 청소년기에 고등 감각운동 기능과 사고력을 학습할 수 있는 기회의 창이 열린다는 것을 인식하고, 그 점을 수업계획에 최대한 반영해야 한다. 청소년기는 체육, 음악, 예술, 연극, 외국어, 의사소통, 고등 수학 사고력 등 여러 방면의 경험을 빠르게 받아들이고 배우는 중요한 시기이다.
- 학생들의 연령에 맞는 학습활동인지 반드시 확인해야 한다. 나이가 어려서 뇌가 충분히 발달하지 않은 경우 학습활동 내용이 무슨 의미인지를 이해할 수 없다면 학습은 일어나지 않는다.
- 신체 주기가 학습에 미치는 영향을 고려하여 학습일정을 구성할 필요가 있다. 예를 들어, 다소 어려운 개념을 가르칠 때는 뇌의 집중력이 최상인 시간대를 이용하고, 집중력이 떨어지는 시간대에는 통합이나 연습, 응용 등의 활동을 하는 것이 좋다.
- 매일 같은 시간대에 동일한 과목을 배정하지 말고, 수업시간표를 주기적으로 변경하도록 한다.
- 평가를 계획할 때는 뇌의 집중력과 활동이 최적인 시기를 고려하도록 한다.
- 수업 중간에 학생들의 뇌가 쉬면서 재충전할 수 있도록 여러 가지 활동을 계획하노톡 한다. 가령, 좌우뇌 기능을 번갈아 사용하게 하거나 간단한 기술을 이용한 문제풀이 등이 있을 수 있다.

- 뇌의 생리 주기나 학습 패턴의 이점을 살릴 수 있는 교수·학습 전략과 방법을 구성하도록 한다. 가령, 고도의 집중력이 필요한 과제와 그렇지 않은 과제를 번갈아 제시한다.
- 학생들의 학습능력을 최대로 이끌어낼 수 있도록 수업시간을 '시작─끝─중간 원리' 또는 '초두─최신 효과'에 따라 구성하도록 한다.
- 뇌가 장시간 동안 고도의 집중력을 계속 유지할 수 없다는 사실을 인식하고, 그에 따라 적절한 교수법을 적용한다.
- 전체 수업시간을 작은 단위로 나누어 진행하도록 한다. 예컨대, 60분 수업이라면 20분 단위로 3개의 수업으로 나누어 진행한다.
- 학습효과는 수업이 시작되거나 끝나는 시점에 가장 높기 때문에, 수업의 시작과 끝이 여러 차례 반복되도록 수업을 계획한다.
- 학생들의 일과에 휴식, 에너지 충전, 긴장 이완, 뇌 휴식, 신체 활동 등의 활동 시간을 배정한다.

주의집중력 주기를 활용한 효율적 수업

아래 사례를 읽으면서, 이와 비슷한 방법을 활용하여 학생들의 주의집중력 주기에 따라 수업 일정을 계획하는 것이 가능할지 생각해 보자.

한 교사가 뇌친화적인 방식을 이용하여 수업을 좀 더 효율적으로 구성할 수 있는 방안을 개발했다. 그는 이 방법을 'ACTR3(Act the 3 R's)'라고 부른다. 여기서 'A'는 활성화(Activation), 'C'는 맥락(Context), 'T'는 교수(Teaching), 세 개의 'R'은 각각 시연, 복습, 성찰(Rehearsal, Review and Reflection)을 의미한다. [표 13.5]에 나와 있듯이, 교사는 'ACTR3'를 이용한 '수업 계획표'를 만들어 수업에 활용한다. 계획표의 첫째 칸에는 세로 방향으로 대문자 A, C, T, R, R, R이 각각 적혀 있고, 그 옆으로는 기록할 수 있는 여백이 있다. 교사가 가지고 있는 '교수전략 활용집'도 이와 동일한 방식으로 구성되어 있다. '교수전략 활용집'에는 각 항목에 대한 교수전략 사례가 제시되어 있는데, 가령 A(활성화) 항목에는 학생들의 사전지식을 불러일으키는 데 사용할 수 있는 전략, C(맥락) 항목에는 수업내용의 맥락 설정과 관련된 전략, T 항목에는 수업에서 활용할 주요 교수전략이나 학습활동, R(시연) 항목에는 학생들이 새로 배운 것을 응용하고 실행해볼 수 있는 다양한 방법, R(복습) 항목에는 새로 배운 자료를 이해했는지 확인하고 복습할 수 있는 방법, 마지막으로 R(성찰) 항목에는 배운 것을 다시 생각하게끔 하는 전략들이 제시되어 있다.

교사는 매 수업을 계획할 때마다 '수업 계획표'의 빈 공간에 그날 학생들에게 가르쳐야 할 구체적인 정보와 개념, 이를 효과적으로 전달하기 위해 필요한 수업자료가 무엇인지 등을 고려하면서, 각 수업단계에서 사용할 활동이나 전략들을 기록해둔다. 또한 수업의 시작과 끝 시점에 학생들의 주의집중력이 최대로 높아진다는 원리를 이용하여, 수업의 시작과 끝, 중간에 각각 어떤 수업활동을 할지 각 활동에 소요되는 시간을 대략 계산해 둔다. 가령, 꼭 알아둬야 하는 중요한 개념은 수업이 시작되는 시점에 제시하고, 그 다음 15-20분 정도 배운 내용을 다시 복습하면서 기억을 강화하는 활동을 하도록 한다. 수업 중반부에는 이러한 내용을 반복하고 응용할 수 있는 활동을 중심으로 수업을 진행하도록 한다. 또한 교사는 모든 학생들이 이런 수업활동 과정을 잘 따라올 수 있도록, 학생들 각자에게 더 필요한 부분은 없는지 기록해둔다.

교사는 학생들의 뇌가 집중할 수 있는 주기에 따라 효율적으로 수업을 하는 데 이러한 수업 계획표가 상당히 도움이 된다는 것을 알게 된다. 학기가 종료된 후에는 그동안 가르쳤던 매 수업 때의 기록을 살펴보면서, 어떤 교수활동이 가장 효과적이었는지, 각 수업활동에 배정된 시간이 적절했는지, 학습주제를 충분히 다루었는지 등을 다시 생각해본다.

표 13.5 수업 계획표

단계	교수 · 학습 활동 및 경험	시간 배분
A (활성화)		
C (맥락)		
T (교수)		
R (시연)		
R (복습)		
R (성찰)		

- 학습이 일어나기 위해서는 뇌에서 이미 알고 있는 내용을 바탕으로 새로운 정보를 연결하고, 재조직하는 과정이 활발히 일어나야 한다.

- 지능은 여러 가지 차원이 있으며, 사람마다 학습하는 유형도 여러 가지이다.

- 뇌는 새로운 연결을 만들고 패턴을 구성하면서 학습한다.

- 효과적인 학습을 위해서는 뇌 전체가 활성화되어야 한다.

- 뇌에는 다양한 기억 경로가 있으며, 새롭게 배운 정보를 여러 기억 경로로 저장시킬 때 학습효율이 향상된다.

- 새롭게 배운 내용을 장기기억으로 만들기 위해서는 배운 내용을 계속 반복해서 연습해야 한다.

- 신체 활동과 움직임은 학습을 촉진시킨다.

- 감정은 학습에 중요한 영향을 미친다.

- 학습성찰과 자기평가는 학습에 매우 중요하다.

- 학습은 여러 사람과 상호작용하는 과정에서 일어나는 협력 활동이다.

- 신체 주기에 따라 학습효율이 최적인 시간대에 배우는 것이 가장 효과적이다.

- 뇌친화적 수업원리는 교사와 학생들, 그리고 교수 활동에 어떤 의미가 있을까?

- 뇌친화적 수업원리는 수업을 구성하거나 학생들의 학습을 촉진하는 과정에 어떤 의미가 있을까?

- 현재 내가 가르치는 방식은 뇌친화적 수업원리에서 말하는 내용과 일치하는가?

- 십대 뇌의 특성을 고려하여 학습을 향상시킬 수 있는 전략을 사용하고 있는가?

- 뇌친화적인 교실환경을 만들기 위해 어떤 노력을 더 기울여야 할까?

뇌친화적 교육환경

2부에서 뇌친화적 수업원리 10가지를 정리했다.
3부에서는 뇌친화적 수업이 이루어지려면
교실환경은 어떻게 조성해야 하는지,
그리고 교사와 학생의 역할은 어떻게 바뀌어야 하는지를 다룬다.

14장

교실환경 조성하기

교실환경이 청소년들의 학습에 엄청난 영향을 미친다는 사실은 의심할 여지가 없다. 뇌친화적인 수업을 제대로 계획하고자 한다면, 교수·학습전략과 수업 방식뿐만 아니라 교실환경에 영향을 미치는 여러 요소를 주의 깊게 살펴봐야 한다. 여기서 교실환경이란 학습이 일어나는 물리적 공간과 그로 인해 경험되는 정서적 환경을 모두 포함한다. 안타깝게도 교사들은 대부분 가르치는 일 자체에 시달리느라 교실환경을 주의 깊게 보지 못하고, 교실환경이 학생들에게 어떤 영향을 끼치는지에 대해서도 인식하지 못한다. 하지만 교실환경을 구성하는 요소들은 학습자의 신체와 감정 상태를 변화시키고, 학습에도 직접적인 영향을 미친다. 그리고 교사가 교실환경을 중요하게 생각하든 그렇지 않든 간에 학생들은 교실 환경의 영향을 계속 받고 있다. 즉, 교사가 의도적으로 계획하여 만들지 않아도 교실환경은 은연중에 학생들의 상태에 영향을 미치고 있는 것이다. 이러한 물리적·정서적 환경은 학생들의 학업성과에도 영향을 미치기 때문에, 교육학자들은 이를 가리켜 '보이지 않는 교육과정' 혹은 '간접적인 교육과정'이라고 부른다. 학생들의 학업효율을 향상시키기 위해서는 학생들이 주변 환경의 영향을 받지 않도록 할 게 아니라, 교사가 교실환경을 의도적으로 계획하고 바꿔 나가야 한다.

> **교실환경은 학생들의 신체와 감정 상태에 변화를 일으키며, 학습과정에 직접적인 영향을 미친다.**

마이크 휴즈(Mike Hughes)와 앤디 배스(Andy Vass)는 『Strategies for Closing the Learning Gap(학습격차 해소전략)』에서 뇌친화적 학습환경을 조성하는 과정을 크게 두 단계로 제시하였다. 첫 번째 단계는 학습이 가능한 환경을 만드는 것이다. 이것은 학생들이 학습할 수 있는 최적의 상태가 되도록 물리적 환경과 조건을 갖추는 데 주력하는 것이다. 두 번째 단계는 학습을 자극하고 촉진할 수 있도록 학습을 강화하는 환경을 만드는 것이다. 즉, 학생들이 느끼기에 교실이라는 장소는 학습이 일어나는 곳이며, 이곳에서는 누구나 공부를 할 것이라고 기대할 수 있어야 한다.

더그 맥피(Doug McPhee) 역시 학습환경을 효과적인 학습의 8대 요소 중 하나로 주장하면서 이러한 관점을 뒷받침한다(1996). 그의 견해에 따르면, 학습환경은 기능적으로 원활해야 하고, 교사와 학생 사이의 관계가 안전과 신뢰에 기반하고 있음을 보여주어야 한다. 마틴 포드(Martin Ford)의 연구에 의하면, 학습효과와 동기 부여 측면에서 탁월한 학습환경이 되려면 다음의 네 가지 필수 요인이 모두 갖추어져야 한다(Jensen, 1995). 첫째, 학습자는 주어진 학습환경에서 자신의 학습목표를 실현할 수 있으리라는 확신이 들어야 한다. 둘째, 학습자의 사회적·인지적 학습유형에 부합하는 학습환경이어야 한다. 셋째, 학습자가 학습하는 데 필요한 모든 자원(자료, 교구, 학습 시간, 지도 등)을 제공해줄 수 있는 학습환경이어야 한다. 끝으로, 학습환경에서 신뢰와 수용, 온정과 안전함 등 긍정적인 정서를 느낄 수 있어야 한다. 수잔 코발리크(Susan Kovalik)도 이와 비슷한 맥락에서 이상적인 학습환경, 즉 뇌친화적 교육환경은 위협의 부재, 협업, 자극이 풍부한 환경, 즉각적인 피드백, 유의미한 내용, 선택의 기회, 충분한 시간, 학습내용을 숙달하게 하는 교수법 등 8가지 요소를 갖춘 환경이라고 주장한 바 있다(1994).

> 교실환경은 학습을 가능하게 하는 곳인 동시에 학습을 강화하는 곳이어야 한다.

표 14.1 **뇌친화적 교실을 만들기 위한 3가지 요소**

물리적 환경

'무엇을?'

'왜?' '어떻게?'

'그래서?'

사회 · 정서적 환경   **인지적 환경**

위 저자들의 연구를 종합해 보면 학습환경은 물리적 환경, 사회·정서적 환경, 인지적 환경이 서로 맞물려서 조화를 이루어야 한다.([표 14.1] 참조) 학생들의 학습능력을 향상시킬 수 있는 유능한 교사가 되고자 한다면, 그리고 진정한 의미의 뇌친화적 교실환경을 만들고자 한다면, 반드시 이 세 가지 요소를 모두 고려해야 한다. 이제부터 이 요소들에 대해 좀 더 자세히 알아보도록 하자.

물리적 환경

학습과정에 필요한 다양한 자료를 잘 갖추어 놓고, 학생들이 필요할 때마다 지원해줄 수 있는 여건이 조성되었다 해서 무조건 뇌친화적인 수업이 일어나고 효과적인 교수·학습이 가능한 것은 아니다. 뛰어난 교사들은 학습 교구나 자료가 조금 부족하더라도 아이들을 효과적으로 가르칠 수 있다. 하지만 분명한 사실은 교실이라는 물리적 공간이나 학습 교구 등에 좀 더 신경을 쓴다면, 학생들의 학습능력이 엄청난 수준으로 향상될 수 있다는 것이다. 앞에서 언급했듯이 학습자를 둘러싼 물리적 공간은 학습자의 신체 상태와 정서 상태에 지대한 영향을 끼친다.

안타깝게도 교사들은 교실이나 특별 자습실을 배정받아 쓰는 경우가 많기 때문에 학생들이 배우게 될 공간을 직접 구성하거나 바꾸기가 쉽지 않다. 그러나 예전에 교직 생활을 할 때나 학교 운영자였을 때의 경험을 되짚어볼 때, 창의적이고 교육에 대한 의지가 확고한 교사들은 옆에서 약간만 격려하고 지원해주면 학생들을 수업에 몰입시켜 효과적인 학습이 일어나게 하는 학습공간을 스스로 만들어냈다. 그 비결은 한꺼번에 모든 것을 바꾸려 하지 않고, 오랜 시간 동안 학습공간을 관찰하면서 부족한 부분을 보완하고 필요한 부분을 추가하면서 환경을 개선하는 과정을 천천히 지속적으로 한다는 데 있었다.

뇌친화적인 교실환경을 만들기 위해 필요한 것들이 딱 정해진 것은 아니지만,

교실환경을 계획하고 구성할 때 반드시 고려해야 한다고 알려진 공통적인 요소들은 있다.([표 14.2] 참조) 그중 어떤 것은 교사 혼자서도 손쉽게 할 수 있는 반면, 일부는 학교 운영진이나 관할 교육청의 지원을 받아야 가능하다. 뇌친화적인 교실환경을 만드는 일은 장기적인 계획을 세워 단계별로 개선해 나가는 것을 목표로 해야 한다.

표 14.2 이상적인 교실환경을 만들기 위해 고려해야 할 점

- 학생들의 책걸상은 각자의 학습공간으로 사용할 수 있을 뿐만 아니라, 여러 개를 합치면 넓은 작업 공간으로 변형이 가능하고, 자리를 재배치하기 용이해야 한다. 책상은 1인용으로 상단이 평평한 것이 좋고, 의자는 책상 크기에 맞는 것으로 앉았을 때 편안해야 한다. 이때 의자는 학생들의 자세를 바로잡아 주고, 서로 마주보기에 편한 것을 선택하도록 한다.
- 학습공간은 학생들이 여러 가지 신체 활동을 할 수 있고, 모둠 학습이 가능할 수 있을 정도의 공간이어야 한다. 또한 교실 출입이 용이해야 하며, 장애 학생들을 각별히 배려해야 한다. 학생들의 안전을 위해 출입 통로를 한 개 이상 마련하고, 개인 학습공간이나 모둠 학습공간을 다양한 크기와 형태로 배치해주면 더욱 좋다.
- 능동적인 학습과 수동적인 학습이 모두 가능한 학습공간을 만들도록 한다. 즉, 학생들이 학습활동을 활발하게 할 수 있는 공간과 함께 각자 조용히 공부할 수 있는 공간도 마련하도록 한다. 교실 가구와 공간을 거실처럼 배치하면 학생들이 책을 읽고, 사색하고, 휴식을 취하기에 좋다.
- 냉난방과 환기가 적절한 수준이 되도록 신경을 써서 안락하고 안전한 공간을 만든다. 실내 조명을 잘 갖추어야 하며, 특히, 자연채광이나 전파장 광선(full spectrum light, FSL: 조명등 중에서 태양광처럼 적외선부터 자외선에 이르는 모든 파장을 낸다고 하는 조명등 – 옮긴이)을 알맞게 활용한다. 작은 공간에서는 램프를 사용할 수도 있다.
- 세정제나 방향제와 같은 유해 물질(혹은 유해 공정), 독소나 알레르기 유발 물질이 있을 수 있는 곰팡이나 먼지, 흙 등을 교실 안에서 없애도록 한다.
- 가까운 곳에 깨끗한 정수기를 비치하여 학생들이 편하게 이용할 수 있게 한다.

- 직접 보고 만질 수 있는 전시물, 포스터, 게시판, 정보 센터 등을 교실 곳곳에 다양한 방식으로 게시하고, 자주 바꾸어준다. 이러한 주변 환경 자극은 우리가 특별히 주의를 기울이지 않아도 뇌에 엄청난 영향을 끼친다.
- 여러 가지 멀티미디어 기기와 휴대용 음향·음악 기기를 갖추어두고, 학급에서 함께 듣기 좋은 음악을 준비해둔다.
- 교육과정에서 다루고 있는 다양한 학습주제와 관련하여 여러 가지 자료를 얻을 수 있는 학급 도서관을 마련한다. 자료를 구비할 때는 학생들의 흥미와 이해수준, 독해수준이 다양하다는 점을 고려해야 한다. 또한 시청각 자료, 인쇄물, 그래픽 자료, 촉각 자료 등 다양한 감각을 자극할 수 있는 자료를 두루 구비하도록 한다.
- 종이(크기, 무게, 색상, 종류 등을 달리해서), 펜, 연필, 마커, 차트 용지(차트 지지대 포함), 기타 학용품을 충분히 마련해두고 학생들이 쉽게 이용할 수 있도록 한다.

사회·정서적 환경

> 교사는 위협, 공포, 불안, 불신을 줄일 수 있는 방안을 강구해야 하며, 학습자들의 동기와 참여, 도전의식을 최대한 끌어낼 수 있는 긍정적인 정서 환경을 만들어야 한다.

십대들은 의사결정을 할 때 뇌의 전두엽보다는 편도체가 더 많이 활성화되는 경향이 있고, 다른 사람의 감정 신호를 잘못 해석하기도 하며, 모든 사람이 자기를 주목하고 있다고 생각하는 경우가 많다. 그러므로 중·고등학교 교사들은 십대들을 둘러싼 사회·정서적 환경에 특별히 관심을 기울일 필요가 있다. 그동안 많은 교육학자들이 효과적인 뇌친화적 수업이 어떤 사회·정서적 속성을 가지고 있는지를 규명해 왔다. 학생들이 정서적으로 안정감을 느끼는 이상적인 학습환경이란 '편안한 각성' 상태를 의미한다(Caine & Caine). '편안한 각성'이란 학습자가 편안하고 안정된 상태를 유지하면서도 도전의식을 불러일으키는 과제를 통해 학습에 적극적으로 참여하는 상태를 말한다. 이러한 물리적·정서적 환경은 위협적이지 않으면서 동시에 높은 도전의식이 요구될 때 가능하다. 우리는 앞서 위협과 만성적 스트레스가 학습을 심각하게 저해한다는 사실을 확인했다. 십대들은 스트레스로 인한 부정적 영향에 유난히 더 민감하다. 그들은 (심지어 아무것도 의도된 바 없는 경우에도) 스트레스나 위협을 느끼는 경향이 있다. 교사들은 이 부분에 특히 주목할 필요가 있다. 마사 카우펠트(Martha Kaufeldt)는 뇌기반교육을 실행하는 교사라면 "학생들이 스트레스, 위협, 혼란, 불안감을 느낄 수 있는 요소나 장애물을 제거해야" 한다고 주장한다(1999). 또한 이와 같은 맥락에서, 긴장이 이완될 수 있는 학습환경, 즉 교사와 학생 간의 건전하고 끈끈한 상호관계가 유지되는 환경이 효과적인 학습의 핵심 요소라는 주장도 있다(McPhee, 1996). 수잔 코발리크(Susan Kovalik)도 뇌친화적 환경의 8대 요소 중 하나로 '위협의 부재'를 언급하고 있다(1994).

우리는 교육자로서 교실에서 위협, 공포, 불안, 불신을 줄일 수 있는 방안을 강구하고, 학생들의 동기와 참여, 도전의식을 최대한 이끌어낼 수 있는 긍정적인 정서가 넘치는 환경을 구축해야 한다. 그렇다고 어떤 감정도 느껴지지 않거나 스트레스를 전혀 받지 않는 환경을 만들자는 것이 아니다. 실제로 학습에는 적절한 유형의 감정과 스트레스가 어느 정도 필요하다. 그러므로 정서적으로 편안하면서도 도전욕구를 불러일으킬 정도로 스트레스 수준이 적당히 유지되도록 균형을 맞추는 일이 중요하다.

긍정적인 스트레스, 즉 도전의식과 호기심, 알고자 하는 욕구는 학습에 필수적이다. 이러한 스트레스나 도전이 없으면, 뇌는 지나치게 이완되고 상황에 안주하게 되어 학습에 주의를 기울이거나 활발하게 참여하지 않게 된다. 십대들은 대개 주변 사람들이 모두 자기를 주목하고 있고, 자기의 생각과 행동에 대해 일일이 신경 쓰고 있다고 생각하므로, 교사들은 학생들이 위험을 감수하고 시행착오를 맘

껏 겪어보도록 장려하되, 동시에 적정 수준의 스트레스와 도전과제를 부여하여 학습에 관심과 동기를 촉발하도록 해야 한다.

> **긍정적인 스트레스, 즉 도전의식과 호기심, 알고자 하는 욕구는 학습에 필수적이다.**

　'편안한 각성' 못지않게 중요한 것은 사회적 소통을 경험할 수 있는 협동학습에 참여시키는 것이다. 사회적 협동을 학습의 기본 구성 틀로 활용하고 장려하는 것은 뇌친화적 교육을 실현하는 데 핵심적인 요소다(Kovalik, 1994). 12장에서 설명했듯이, 뇌는 사회적 상호작용 속에서 가장 잘 배울 수 있으며, 학생들의 학습능력은 긍정적인 분위기에서 서로 돕고 소통하는 과정을 통해 더욱 향상될 수 있다.

　그러므로 십대들의 뇌가 가장 잘 배울 수 있는 이상적인 학습환경을 만들기 위해서는 학생들을 '편안한 각성' 상태로 만드는 것을 기준으로 삼아, 학생들이 외부에서 위협을 받지 않고 심리적으로 안정감을 느낄 수 있는 교실환경을 조성해야 한다. 이와 더불어 학생들이 서로 협력하면서 문제를 해결할 수 있는 학습활동을 계획하여, 서로 다양한 학습경험을 주고받으며 적극적이고 의욕적으로 과제에 도전할 수 있는 학습기회를 제공하도록 한다. [표 14.3]은 사회·정서적 환경을 조성하는 데 유용한 몇 가지 방법을 제시하고 있다.

표 14.3 긍정적이고 활기찬 사회·정서적 환경 조성 방안

- 연극, 음악, 새로운 자극, 칭찬과 격려, 직접 경험, 즉흥 공연 등을 통해 학생들이 즐거운 마음으로 학습에 임할 수 있게 하고, 도전적인 과제를 제공하도록 한다.
- 학습활동에 반 전체 학생들이 모두 참여하게 한다.
- 학생들이 자기 자신의 학습양식과 성향, 강점을 알고 이를 활용할 수 있도록 학습기회를 제공한다.
- 학생들에게 스스로 선택하고 의사를 결정할 수 있는 기회를 충분히 준다.
- 학생들이 자신의 부정적인 감정을 안전하고 올바른 방식으로 해소할 수 있도록 방안을 마련한다.
- 서로 간의 갈등을 원만하게 해결하기 위해 갈등해소 방안을 명확하게 제시하고, 이러한 방안을 시행할 수 있는 체계를 다진다.
- 몸을 움직이는 동작이나 활동을 통해 학생들의 감정 조절과 관련되는 호르몬의 상호작용을 조절한다.
- 서로의 학업성과를 축하해주는 자리를 많이 마련한다.
- 교실 안에서 지켜야 할 규칙과 절차, 일과, 권고사항 등을 명확히 한다. 이러한 내용은 학생들이 계속 확인하고 숙지할 수 있도록 누구나 잘 볼 수 있는 자리에 붙여두는 것이 좋다. 이러한 글귀는 항상 긍정문으로 표현한다. 가령, '~을 하지 맙시다.'보다는 '~을 합시다.'라고 표현한다.
- 학생들이 각자의 생각과 관점, 의견을 자유롭게 말할 수 있도록 편안한 분위기를 조성한다.
- 수차례의 검증을 통해 체계적으로 만들어진 협동학습 기법과 전략을 사용한다.
- 학생들이 서로 각자의 의견을 자유롭게 말하게 하는 여러 가지 교수·학습전략을 활용한다. 가령, '생각하고 짝과 공유하기', '이중 원 복습활동', '상호 교수법' 등이 있다.([표 12.2] 참고)
- 역할극, 게임, 모의 상황, 토론, 학술 찬반논쟁 등 서로 간의 상호작용이 활발하게 일어나는 교수법을 활용한다.
- 학생들이 말할 수 있는 기회와 참여는 늘리고, 교사의 말은 줄인다.

인지적 환경

두 가지 핵심원칙

뇌친화적 수업에서는 다음 두 가지 학습 원칙을 반드시 강조하고 지켜야 한다.

1. 모든 학생은 학습능력이 충분하며, 그러한 사실을 믿고 기대해야 한다.
2. 학습은 공동의 책임이다. 모두 각자의 역할과 책임을 다하여, 교실 내 구성원 전원이 효과적인 학습을 하도록 만들어야 한다.

이 두 가지 원칙에는 교사들이 뇌친화적 수업을 설계할 때 필요한 중요한 사실들이 담겨 있다. 이 원칙들에 대해 좀 더 자세히 알아보자.

1. 모든 학생은 학습능력이 충분하며, 그러한 사실을 믿고 기대해야 한다.

교사는 다른 어떤 것보다도 이 원칙에 대한 믿음이 있어야 한다. 뇌친화적 수업을 만들기 위해 다른 노력을 아무리 기울인다 해도, 이 원칙이 제대로 지켜지지 않으면 전체적인 방향이 어긋나거나 원하는 성과를 얻지 못할 수 있다. 교사가 이 원칙에 확신이 있으면 학생들에게 이 핵심적인 메시지를 계속 전달할 것이다. 교실 안에 이 원칙이 확고하게 자리 잡으면, 그 다음에는 학생들 스스로 학습자로서의 정체성과 자신의 강점과 능력, 효과적인 학습자가 되기 위한 방법들을 깨달아야 한다. 하지만 십대들은 반성적인 사고와 자의식이 이제 막 발달하기 시작했기 때문에, 학생들이 이러한 여정을 훌륭히 헤쳐나갈 수 있도록 교사가 옆에서 길잡이가 되어주어야 한다. 즉, 교사는 학습자들 각자의 고유한 특성을 인정하고, 모든 학생에게 학습능력이 있으며, 노력하면 충분히 이룰 수 있다는 사실을 학생들에게 가르쳐주어야 한다. 학생들이 학습과정과 효과적인 학습을 위한 방법들에 친숙해져서 더 나은 학습자가 될 수 있도록 도와주어야 한다. 구체적으로 뇌와 학습 원리를 학생들이 이해할 수 있는 수준에 맞춰 가르쳐주도록 한다. 또한 학생들 스스로 자신에게 가장 효과적인 학습법이 따로 있다는 사실을 인식하고, 다중지능, 학습 선호도, 학습유형 등의 개념을 통해 각자 자신의 '학습자 프로필'을 작성해보게 한다. 이를 통해 학생들은 자신이 학습자로서 지닌 강점이 무엇인지, 그리고 이를 최대로 활용할 수 있는 방법은 무엇인지에 대해 이해하게 될 것이다. 이는 사고력과 인지능력, 상위인지 능력에 관한 전략과 기법을 명시적으로 가르치는 것이기도 하다. 이러한 교육을 통해 교사는 십대들이 자신의 정체성, 자율성, 소속감을 향상시키고 이를 확립하는 것을 돕게 된다.

> 교사는 학습자들 각자의 고유한 특성을 인정하고, 모든 학생들에게 학습능력이 있으며, 노력하면 충분히 이룰 수 있다는 사실을 학생들에게 가르쳐주어야 한다.

교사는 학습을 충분히 이끌어낼 수 있는 환경에서 '의도'와 '기대'를 함께 발달시켜 나가야 한다(McPhee, 1996). 교실에서 수준 높은 학습과 사고력을 '기대'하는 교사라면 학습, 사고력, 창의성을 기를 수 있는 새로운 모형을 끊임없이 발굴하고 이용함으로써 이러한 '의도'에 맞게 행동해야만 할 것이다. 또한 학생들은 이 교실이 학습, 사고력, 창의성을 길러주는 곳이며, 여기서는 누구나 다 활발히 참여한다는 기대를 할 수 있어야 한다. 이러한 기대를 품고 있을 때, 학생들은 어려운 문제에 대해 질문하고, 시도해보고, 서로 협동하고, 학습과정에 대해 되짚어보는 과정을 당연한 수순으로 받아들일 것이다.

일단 학생들이 학습자로서 그들이 해야 할 일을 인식하고, 능동적인 참여자가 되어야 한다는 사실을 당연하게 받아들이게 되면, 그 다음 교사가 할 일은 학생들이 도달할 수 있을 정도의 도달목표와 학습기준을 세워주는 일이다. 한 연구에 따르면, 여러 연구결과를 비교해봤을 때 교사가 학생들에게 기대수준과 성취기준을 높게 가지라고 계속 당부할 경우, 실제 학생들의 학업성취 결과가 높아졌다고 한다.

우리는 앞서 도전적인 과제에 임할 때 뇌가 활성화되며, 특히 모든 학생이 이 도전적인 과제를 해낼 수 있다는 자신감과 긍정적인 기대감을 가질 수 있을 때 더욱 효과적이고 활기찬 학습환경이 만들어진다는 사실을 알게 되었다. 이를 가리켜 학생들이 각자 '학습에 높은 관심을 유지하는 상태'라고 부른다(Hughs & Vass, 2001). 또한 교사들은 학생들에게 점수나 어떤 임의의 성취수준보다는 각자의 수준에서 최선을 다할 것을 지속적으로 강조해야 한다(Kovalik, 1994). 코발리크(Kovalik)는 학생들이 특정 학습과제나 과제물, 교과 영역을 제대로 이행했다는 성공 척도로 완전학습(학생의 약 95퍼센트가 주어진 학습과제의 약 90퍼센트 이상을 완전히 습득하게 하는 학습법 - 옮긴이)을 강조해야 한다고 주장한다. 이러한 기준은 학생들의 성과에 단순히 점수나 등급을 매기는 것보다 훨씬 효과적이며, 학생들에게 동기를 부여한다. 이렇게 내용을 완벽하게 숙지하기 위해서는 학습과제가 학습자의 수준에서 충분히 이해할 수 있는 수준이어야 한다. 학생들의 수준에 맞춰 충분히 도달할 수 있는 구체적인 성취 목표와 기준을 세워둔다면, 어떤 학생이든 학습과제의 내용을 완벽히 자신의 것으로 소화할 수 있을 것이다.

하지만 학생들에게 기준점을 정해주고 거기에 도달해야 한다고 자주 일러주는 것만으로는 충분치 않다. 뇌친화적인 수업을 만들기 위해서 교사는 그보다 훨씬 큰 책임감을 가져야 한다. 교사는 학생들을 성공으로 이끌어 주는 교실 문화를 만들어야 하고, 학생들이 각자의 성취목표를 충분히 이룰 수 있다는 것을 믿어야 하며, 그러한 믿음을 학생들에게 지속적으로 보여줘야 한다. 이러한 과정은 청소년기 학생들에게 특히 중요하다. 청소년들의 자아상은 깨지기 쉽고, 자신이 학업에서 '성공할 수 있을지'를 계속 확인받고 싶어하며, 즉각적인 보상과 피드백을 원하기 때문이다.

무엇보다 중요한 점은 학생들이 도달해야 할 성취목표와 기준을 분명하게 정하고, 그것을 이루기 위해 해야 할 방법들을 학생들에게 명확하게 제시해주는 것이다(이 일은 교사가 학생과 협력하여 하는 것이 좋다). 또한 학생들에게 현재 어떤 내용을 배우고 있으며 앞으로 어떤 방향으로 나아갈 것인지 알려주는 것도 중요하다(Kaufeldt, 1999). 이것은 학습에 관한 지속적인 피드백을 제공함으로써 가능하다. 최적의 학습을 위해 피드백은 즉각적이며, 자주 제공되고, 긍정적인 내용이어야 한다(Hughes & Vass, 2001). 이때 명심해야 할 것은 피드백을 줄 때는 구체적으로 자세하게 설명해주어야 한다는 것이다. 성적이나 점수만 있는 평가, 구체적이지 않은 평가, 애매모호한 제안(가령, "다시 하도록!"과 같은 말) 등은 학업성취에 거의 도움이 되지 못한다. 하지만 교사의 피드백이 구체적이고 지속적으로 이루어진다면, 학생들이 각자 자신의 발달 단계에 맞춰 성취목표와 기대수준을 두고 이를 성취해 나가는 데 도움이 될 것이다. 휴즈와 배스(Hughes & Vass)는 성공과 가능성의 언어(가령, "할 수 있다!"와 같은 말)를 활용할 것을 주장한다. 성공에 대한 확신을 다짐하는 말을 들을 때 뇌가 그것을 긍정적인 경험으로 받아들인다는 사실을 우리는 잘 알고 있다. 이러한 긍정적인 언어 표현은 교사가 학생들을 믿고 있으며, 학생들이 높은 성취수준에 도달하여 학업수행을 성공적으로 해낼 것이라는 사실을 전혀 의심치 않는다는 메시지를 전달한다. 이러한 긍정 메시지 못지않게 학생들에게 피드백을 줄 때 실패와 비난의 언어를 삼가는 것도 중요하며, 학생들의 성과를 충분히 인정하고, 함께 기념하고, 축하해주어야 한다.

> 학업성과에 대한 피드백은 즉각적이며, 자주 제공되고, 긍정적인 내용이어야 한다.

2. 학습은 공동의 책임이다.

학습이란 교사와 학생 등 모든 참여자가 서로 도움을 주고받으면서 함께 배우고 성장하는 관계 속에서 일어나는 것으로 볼 수 있다. 학습에 대한 이러한 정의는 학습이 사회적이고 협동적인 성격을 지닌다는 것을 단적으로 보여준다. 하지만 이는 단순히 다른 사람과 함께 배울 때 최상의 결과를 낸다는 뜻이 아니다. 그보다는 우리가 자신의 학습에 대해서 책임을 지고 있을 뿐만 아니라, 타인의 학습에 대해서도 중대한 책임과 역할을 지고 있다는 것을 의미한다. 우리는 십대 학습자들이 이 중요한 역할과 책임을 인식하고 이해하길 바란다. 그와 더불어 강조되어야 할 전제는 학습자들은 다른 학습자와의 협동과 협력을 통해 좀 더 효과적으로 배울 수 있다는 점이다. 다시 말하자면, 협동과 협력은 타인을 이롭게 할 뿐만 아니라 학습자로서 자신의 성장과 발전에도 꼭 필요하다. 따라서 학습자에게는 자기 개인의 학습만이 아니라 좀 더 큰 책임이 있다. 학습자는 다른 학생들의 능력과 지능, 학습성향에 대해 잘 알고, 서로 다른 성향에 대해 공감할 수 있는 능력을 갖추어야 한다. 또한 다양한 학습자들과 협력하고 서로 도움을 주고받는 관계 속에서 자신의 학습이 어떻게 향상되어 가는지를 파악할 수 있어야 한다. 학생들은 문제를 협력해서 해결하고 창의성을 발휘하는 것이 바람직한 행동양식일 뿐만 아니라, 학습자 전원이 학습과제나 활동을 학습하고 그 목표 수준에 도달하도록 보장하는 최상의 방법이기도 하다는 것을 이해해야 한다. 학습자 개개인의 가장 큰 책임은 학습자들끼리 서로의 학업 성장을 지지해주면서 서로 믿고 존중하는 교실 분위기를 만드는 데 기여하는 것이다. 학생들은 누구나 학습자로서 존중받고 있다고 느껴야 한다. 즉, 자신이 학급에 의미 있는 기여를 하고 있으며, 웃음거리가 되거나 망신을 당할까봐 불안해하지 않으면서 자유롭게 도전하고 질문할 수 있어야 한다. 학생이 잘하든 못하든 간에, 배우고자 하는 시도를 비난하지 않는 분위기를 조성하는 것이야말로 뇌친화적 수업에서 가장 중요하게 고려해야 할 부분이다.

> 학생들은 누구나 학습자로서 존중받고 있다고 느껴야 한다. 즉, 자신이 학급에 의미 있는 기여를 하고 있으며, 웃음거리가 되거나 망신을 당할까봐 불안해하지 않으면서 자유롭게 도전하고 질문할 수 있어야 한다.

교사의 모든 언행은 분명 학습환경과 학생들의 정서에 큰 영향을 준다. 배움을 최우선 목표로 하고, 모든 학생을 유능한 학습자로 바라보며, 학생들의 학업성취에 대해 높은 기대를 갖는 환경을 만들고자 한다면, 교사는 자신의 언행 하나하나가 긍정적인 학습 분위기를 만드는 밑거름이 된다는 점을 명심해야 한다. 교사들에게 많은 부담을 느끼게 하는 일이지만, 진정으로 뇌친화적인 수업을 원한다면 반드시 지켜야 할 것들이다. 이런 것들은 일반적으로 교사들에게 기대하는 역할과 많이 다르지만, 교사들이 열정과 유머, 학생들에 대한 애정으로 변화된 역할에 임한다면 학생과 교사 모두 만족스러운 결과를 얻게 될 것이다.

> **교사의 모든 언행은 학습환경과 학생들의 정서에 큰 영향을 준다.**

학생들의 창의력이 향상되고 심리적으로 안정감을 느낄 수 있는 '인지적 학습이 잘 일어날 수 있는 교실환경'을 만들기 위해서는 교사가 어떤 전략과 방법을 실천해야 할까? 앞에서 언급한 많은 연구자들은 학습에 효과적인 인지적 학습환경을 만들기 위해 몇 가지 흥미롭고 효과적인 전략들을 제안하고 있다. [표 14.4]는 이를 간추린 목록으로 교사들에게 좋은 출발점이 될 것이다.

표 14.4 '인지적 교실환경'을 만들기 위한 전략과 실천 방법

- 교실 안에 성공에 대한 기대, 즉 '할 수 있다'는 분위기를 조성한다.
- 학생들이 도달해야 할 학업 기대수준을 높게 설정하고 이를 자주 주지시킨다.
- 학생들이 최종 목표에 도달하는 데 발판이 되는 작은 목표를 여러 개 만들어 두고, 이를 적절한 시기에 제시하여 학생들의 성취수준 향상을 돕는다.
- 학생들이 평가를 통해 학습에 도움되는 정보를 얻을 수 있도록, 학습과제에 대한 평가 방식이나 평가 주기를 학생들과 함께 고민하고 계획한다.
- 학생들을 평가 과정에 직접 참여시킨다.
- 늘 학생들이 성공하리라는 기대와 가능성을 담아 말한다. (가령, "우리 반 학생들은 모두 할 수 있죠?" 또는 "여러분 모두 할 수 있다는 것을 알아요.")
- 학생들의 실패를 예상하거나 깎아내리는 말을 하지 않는다.
- 학생들의 학습과정에 도움이 되는 긍정적인 피드백을 구체적인 방식으로 적절한 시기에 제공한다.
- 학생들이 스스로 자신의 학습목표와 그 목표를 달성하기 위한 방안을 찾아내어, 그러한 목표와 방법에 집중할 수 있도록 돕는다.
- 학습에 대한 호기심, 기대감, 희열을 불러일으킬 수 있는 다양한 기회와 활동을 활용한다.
- 일정 목록, 월간 계획표, 일일 계획표, 시간표, 일과표 등을 활용하여 학생들이 자신의 학습상황을 수시로 알 수 있게 한다.
- 학생들이 과제와 문제를 분석하는 능력을 기르고, 과제 완수 및 문제해결을 위한 학습 계획을 세우는 능력을 배양할 수 있도록 기회를 조성하고 도움을 준다.
- 사고력과 상위인지 기법에 대해 구체적으로 시범을 보이면서 가르친다.
- 학생들이 학교 교육과정을 확인하고 자신과의 연결고리를 찾을 수 있도록 돕는다.
- 새로운 지식을 습득하는 데서부터 응용, 통합, 평가, 반성의 과정을 거칠 수 있도록 다양한 학습활동을 계획한다.
- 교실 곳곳에 긍정적인 생각을 북돋우는 명언이나 칭찬 메시지, 문제를 해결할 수 있는 사고전략 등을 게시한다.

- 학생들이 내용을 좀 더 깊이 이해할 수 있는 질문을 사용한다. 가령 "그 사람은 누구인가?", "그것이 무엇인가?"처럼 간단한 질문부터, "이유는 무엇인가?", "그렇게 생각한 근거는 무엇인가?", "그로 인해 어떤 결과를 예상하는가?", "만약에 ~하다면 어떨까?", "어떤 변수가 예상되는가?", "이것이 왜 중요한가?" 등의 질문으로 이어질 수 있다.
- 자율학습이나 협동학습을 할 때 학생들이 서로 깊이 있는 질문을 주고받을 수 있도록 이끌어준다.
- 학생들이 웃음거리가 되거나 망신을 당할지도 모른다는 두려움 없이, 자신이 생각하고 있는 개념이나 질문 등을 분명히 말하고, 그러한 생각을 확장해 나가도록 유도하는 수업전략을 활용한다.
- 반 전체나 여러 모둠의 학생들이 모여 난관에 대처하고 문제를 해결하는 식의 활동이나 과제를 마련하여 학생들이 서로 창의적인 아이디어를 주고받으면서 협동하여 문제를 해결할 수 있는 기회를 만든다. 반 전체가 함께하거나 모둠 단위로 문제를 해결해야 하는 과제를 부여한다.
- 자신의 학습과정을 돌아보고 생각해볼 수 있는 기법과 전략을 교사가 직접 시범을 보여 학생들에게 가르쳐 주고 이를 활용하게끔 지도한다.
- 교사 역시 끊임없이 고민하고 새로운 것을 배우는 학습자라는 사실을 학생들에게 몸소 보여준다.

15장

교사 역할의 변화

교사란 힘들고 어려운 직업!

> 청소년을 가르친다는 것은 여러 측면을 고려해야 하는 복잡하고, 힘들고, 어려운 일이다.

지금쯤이면 독자들은 분명 뇌친화적인 교실에서 교사가 맡게 되는 역할과 책임이 전통적으로 교사에게 부과되던 것과 사뭇 다르다는 것을 느꼈을 것이다. 청소년을 가르친다는 것은 여러 측면을 고려해야 하는 복잡하고, 힘들고, 어려운 일이지만, 이 시기의 학습은 실제로 학생들의 학업 성취에 무척 중요하다. 이 책은 교사라면 자신의 교수법이 효과가 있기를 바라고, 그렇게 되려면 교사들이 뇌 연구나 학습 이론, 지능·학습유형 이론에 대해 제대로 알아야 한다는 전제하에 쓰였다.

이 책은 '새로운 학습과학'을 보여준다. 즉, 학생들이 어떻게 학습하는지를 제대로 이해하여, 이러한 새로운 지식 기반 위에 학습에 효과적인 새로운 교수전략과 지도방식을 만들어 수업에 활용하도록 한다. 대개 유능한 교사들은 이런 과정을 따른다. 한 연구에 의하면, 유능한 교사들은 공통적으로 태도와 인성이 훌륭하여 안정되고 서로를 존중하는 학습환경을 조성할 뿐만 아니라, 학생들과 학습 자체에 대해 폭넓은 교육적 지식과 이해를 갖추고 있다고 한다. 다시 말해서 유능한 교사란 교사에게 필요한 인성적인 자질과 더불어 '학습방식에 대한 폭넓은 이해와 함께 여러 학습내용에 적절하게 대응할 수 있는 수업 레퍼토리'를 모두 갖추어 통합할 수 있는 교사이다(Bennett & Rolheiser, 2001). 또 다른 연구에서는 교사가 교수·학습과정을 이해하고 적용할 수 있는 능력의 정도가 학생의 성공을 가늠하게 해주는 강력한 예측 요인이라는 점을 보여준다(Marzano, 1998).

> "유능한 교사란 교사에게 필요한 인성적인 자질과 더불어 '학습방식에 대한 폭넓은 이해와 학생들의 학습방식 및 필수 학습내용에 적절하게 대응할 수 있는 수업 레퍼토리'를 모두 갖추어 통합할 수 있는 교사이다."
>
> – 배리 베넷 & 캐럴 롤하이저(Barrie Bennett & Carol Rolheiser),
> 『Beyond Monet: The Artful Science of Instructional Integration
> (모네를 넘어서: 교수학습적 통합의 기술)』, 2001

베넷과 롤하이저는 효과적인 교육이란 끊임없이 창의력을 발휘해야 하는 과정이라고 설명한다. 실제로 교사에게는 그 외에는 선택의 여지가 없다. 교사들은 자신의 통제력을 넘어서는 무수히 많은 변수와 조건, 즉 사회적 요인, 가정환경 요인, 학습장애, 학업능력 차이, 다양한 학습양식, 정해진 교과과정, 일정상의 제약 등에 직면한다. 교사들이 이 거대한 난관을 헤쳐 나가려면, 정해진 틀에 얽매이지 말고 자기 나름의 기준을 세워 창의적인 방식으로 대응해야 한다. 잘 가르치는 교사들은 학생들과 그들의 학습방식을 꾸준히 관찰하여 새로운 정보를 찾아내고, 이렇게 새로 알게 된 내용을 학생들의 학습기회를 증진하는 데 다시 적용하면서 이 난관을 헤쳐 나간다. 교사들의 이러한 노력은 다음과 같은 의미를 갖는다.

"우리가 알고 있는 모든 지식을 동원하여 교수·학습과정을 창의적인 방식으로 바꾸고자 한다면, 학습환경은 분명 개선될 수 있을 것이다. 학습자에 대해 지금보다 더 많이 이해하고, 정확하고 의미 있는 평가방식이 무엇인지에 대해 계속 공부하고, 학습내용과 학습과정을 깊이 이해해야 한다. 이렇게 이해한 것들을 서로 통합하여 실제 교수과정에 적용하는 과정을 깊이 이해할수록, 우리가 변화를 일으킬 수 있는 가능성은 더욱 커질 것이다. 가르치는 일은 그처럼 복잡하고도 창의적인 일이다."(Bennett & Rolheiser, 2001)

뇌친화적 교육과 새로운 학습과학을 적용하는 일에 대해 이보다 더 자세하고 정확하게 설명할 수 있을까? 이전의 교육에서 교사란, 특히 중·고등학교 교사란 전문적인 지식을 지닌 사람, 교단에서 지식을 전달하는 사람, 교수·학습과정을 모두 통제하는 사람으로 여겨졌다. 그러나 뇌친화적인 교실에서 교사가 수행하는 역할은 이보다 훨씬 다양하고 완전히 다른 구조와 성격을 지닌다. 뇌친화적 수업을 성공적으로 수행하는 교사가 지녀야 할 역할과 책임은 어떻게 다를까? 여기 다섯 가지 중요한 특징을 소개한다.

1 학습을 촉진하고 조정하는 교사

첫 번째 교사 역할은 학생들의 학습을 촉진하고 이끌어주는 것이다. 이러한 역할은 학습과정의 여러 가지 측면을 동시에 고려해야 하기에 복잡하지만 매우 중요하다. 여기서 교사는 수업 중에 시행하게 될 여러 학습활동과 학습경험을 구성하고, 학생들의 참여를 북돋우며, 효과적인 학습이 일어날 수 있도록 여러 상황을 조정하는 역할을 한다. 즉, 수업내용을 이해하는 데 적절한 학습활동과 과제를 계획하고, 과제를 완수하는 데 필요한 기자재와 수업자료를 확보하고 관리하며, 학생들의 성취수준에 따라 학습경험을 계획하고 지도하여 모든 학생이 내용을 이해할 수 있도록 한다. 또한 이러한 과정은 개인, 모둠, 학급 전체 등 여러 학습 단위에서 일어나는 학습과정을 촉진하며, 교사는 학생들 간의 다양한 상호작용을 면밀히 살피면서 간혹 갈등이나 문제가 발생할 경우 개입하거나 중재하게 된다. 수업을 계획할 때는 학생들의 실생활에서 벌어질 수 있는 상황을 수업에 반영하여 학생들에게 의미 있는 수업이 될 수 있도록 하고, 때로는 정답은 아니지만 문제해결에 도움이 되는 정보를 직접 말해줄 수도 있다. 학생들에게 학습활동이나 과

표 15.1 뇌친화적인 교사의 역할

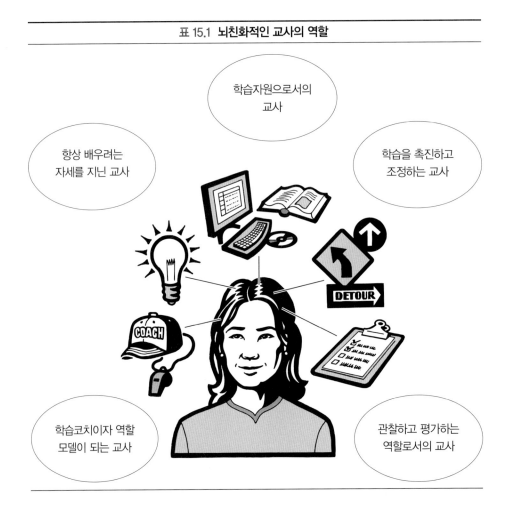

제를 제시할 때는 명확하고 간결하게 설명해주고, 과제를 성공적으로 수행하는 데 필요한 조건을 반드시 명시해주도록 한다. 또한 정교화 시연이나 간단한 평가를 통해 학생들이 학습을 완전히 이해할 수 있도록 길잡이 역할을 하고, 이러한 활동을 마친 뒤에는 학생들에게 학습결과를 알려주고 부족한 부분을 검토하도록 지도해준다. 무엇보다 중요한 것은 교사들이 교단에서 일방적으로 강의를 하면서 학습과정이 교사 중심으로 흘러가는 상황에서 벗어나야 한다는 것이다.

② 학습코치이자 역할 모델이 되는 교사

교사는 학습코치이자 역할 모델로서 학생들의 자기 주도적인 학습을 이끌고, 생각의 길잡이가 되어주며, 학생들이 학습내용을 깊이 이해할 수 있도록 지도한다. 즉, 학생들이 여러 학습기술과 학습전략을 습득할 수 있도록 학생들에게 필요한 학습전략이나 생각기법 등을 알려주고, 이를 어떻게 적용할 수 있는지 직접 시범을 보여준다. 교사의 구체적인 피드백과 격려는 학생들이 기술을 습득하고 서로 합의한 성취목표에 도달할 수 있게 해준다. 또한 교사는 학생들과의 정기적인 면담을 일상적인 일로 받아들여야 한다. 학습코치로서 학생들의 학업성취를 파악하고, 인정해주며, 축하해줄 막중한 책임이 있다. 때로는 교사가 학생들과 함께 조사하고 탐구하는 동료가 되어주기도 하고, 또 어떤 경우에는 학생들이 과제를 수행하거나 문제를 해결할 때 적절한 힌트와 방법을 제안하여 방향을 알려주기도 한다.

③ 항상 배우려는 자세를 지닌 교사

학생들이 교사를 '항상 배우려는 자세를 지닌 사람'으로 여기는 것은 매우 중요하다. 이런 역할 속에서 교사는 학습에 늘 열정적인 자세를 취하고, 학생들이 겪는 어려움과 학습목표를 교사가 함께 짊어지려고 할 것이다. 또한 교사는 학생들에게 다양한 학습방식과 사고기술을 알려주고, 교사 자신이 배울 때는 문제를 어떤 식으로 해결하는지를 학생들에게 그대로 말해준다. 교사는 학생들에게 자신의 학습계획과 경험을 설명해주고, 그 내용을 돌아보며 반성하는 과정도 그대로 보여준다. 가령, 교사는 학생들에게 최근 교사연수 때 '이러저러한' 것들을 배웠는데, 오늘은 그때 배운 내용을 수업에 적용해볼 것이라고 말한다. 교사는 학생들에게 새로운 학습활동을 소개하면서, 이 활동을 어떻게 배우게 됐고, 이것을 알게 되면 어떤 점에서 좋은지를 설명한다. 또한 최근 읽은 교육 서적이나 연구논문, 신문기사, 워크숍에서 접한 새로운 개념과 지식을 학생들과 공유한다. 때로는 교사가 학생들이 고민하고 있는 아이디어나 개념, 문제를 함께 연구해보는 것도 필요하다.

④ 관찰하고 평가하는 역할로서의 교사

물론 이전에도 교사들은 학생들의 학업성취수준을 관찰하고 평가하는 역할을 담당해왔지만, 뇌친화적인 교육에서는 이런 역할이 훨씬 복잡해져서 교사들의 책임감이 더욱 막중해진다. 뇌친화적인 교육에서 교사는 단순히 학생들의 성적을 채점하고 등급을 매기는 역할만 하지 않는다. 교사는 학생들과 우호적인 관계를 유지하며, 학생들이 좀 더 적극적으로 학습에 참여하고, 그들 스스로 목표한 바를 언제, 어떻게 이루었는지를 평가하도록 돕는다.

학생들에게 교사가 가르쳐준 내용을 달달 외우게 해서, 시험에서 이런 정보를 얼마나 똑같이 복제하느냐를 두고 성적을 매기는 평가 체계에서 벗어나야 한다. 대신 평가를 학생이 현재 제대로 배우고 있는지를 교사와 학생이 함께 꾸준히 관찰해 나가는 일종의 학습과정으로 인식해야 한다. 이 과정에서 교사는 학생의 학업성취 향상에 도움이 될 만한 교수전략을 계속 연구하고, 교과과정의 내용과 기대사항이 적절한지, 학습활동과 전략은 학생들의 목표 달성에 효과적인지 등을 판단해야 한다. 그리고 교사의 기대와 학업성취 방향, 모든 학습활동이나 과제를 성공적으로 수행하려면 어떻게 해야 하는지를 학생들에게 거듭 상기시켜주어야 한다.

학생들의 학습과정에 대해 피드백을 줄 때는 학습에 도움이 될 수 있도록 적절한 시기에, 가능한 자세하게 제시해야 한다. 학기말 평가나 학업발달 상황에 대한 평가가 필요한 경우에는 어느 정도 수준일 때 목표에 도달했다고 평가할지에 대해 학생들과 함께 평가 기준을 정하고, 학생들이 자신의 성취 결과를 어떻게 평가받을지를 스스로 결정할 수 있도록 평가의 방법과 형식을 함께 정하도록 한다.

5 학습 자원으로서의 교사

이 역할은 전통적인 교사 역할에 좀 더 가깝다. 교사는 때로 학생들에게 어떤 전략이나 전문지식, 개념이나 주제에 대해 직접적으로 설명해주어야 한다. 즉, 전통적인 교수법에 가까운 강의 방식이 수업에 필요할 때도 있다. 또한 학생들이 어떤 문제를 해결하거나, 학습활동을 잘 수행할 수 있도록 전체적인 맥락을 설명해줘야 할 경우도 있다. 교사는 학생들에게 주제와 관련된 배경지식을 직접 알려줄 수도 있고, 학생들이 필요한 정보에 쉽게 접근하도록 연구기관을 방문할 수 있는 허가증을 구해주거나, 외부 전문가를 초빙하여 대신 도움을 주도록 다리를 놓아줄 수도 있다. 어떤 경우에는 학생들이 교사를 개별적으로 찾아가 활동을 수행하는 데 필요한 도움을 요청하거나 관련 정보를 얻기도 한다. 학생들이 교사를 아는 것이 많아 우러러봐야 하는 전문가가 아니라, 필요할 때마다 다양한 자료를 얻을 수 있는 '학습 자원'처럼 여기는 것이 좋다.

16장

학생 역할의 변화

현재의 중·고등학교 교육방식에 비효율적인 면이 있다는 점이 오래전부터 지적되었지만, 안타깝게도 대부분의 중·고등학생들은 아직도 지난 수십 년 동안 이어져오던 낡은 수업방식 그대로 배우고 있다. 이런 수업 방식에서는 교사가 일방적으로 수업에 필요한 내용을 선별하고, 학생들에게 전달하는 방식도 교사가 임의로 결정한다. 반면 학생들은 다른 학습자들과 거의 소통하지 않은 채 수동적으로 가만히 앉아있는 경우가 많다. 학생들은 마치 정해진 시간 안에 최대한 많은 정보를 받아들여야 하는 빈 용기처럼 여겨진다. 그들에게는 학습내용이나 방식을 선택할 수 있는 권한이 거의 없다. 또한 학생들의 학업성취 여부는 기말시험에서 배운 내용을 얼마나 똑같이 되풀이해 내느냐에 달려 있다.

데이비드 수자(David Sousa)는 교사가 일방적인 강의를 통해 가르친 내용은 학생들의 기억에 거의 남지 않는다는 증거가 쏟아지는데도 불구하고, 아직도 강의식 수업이 중·고등학교와 대학 교육에서 보편적인 수업 방식으로 유지되고 있다는 사실에 한탄한다(1995). 그의 연구에 따르면, 학생들이 토론이나 복습 활동을 하고, 직접 응용해보거나 다른 사람에게 가르쳐주면서 학습활동에 적극적으로 참여하면 기억이 더욱 오래 지속된다고 한다. 뇌친화적인 수업에서 학생들은 다른 학습자들과 서로 소통하면서 여러 가지 학습활동에 참여하고 다양한 경험을 하면서 자신의 학습을 직접 책임지게 된다. 즉, 학생들의 학업성취를 교사와 학생이 함께 책임지게 된다.

현재의 중·고등학교 교육방식에 비효율적인 면이 있다는 점이 오래전부터 지적되었지만, 안타깝게도 대부분의 중·고등학생들은 아직도 지난 수십 년 동안 이어져 오던 낡은 수업방식 그대로 배우고 있다.

십대들에 대한 새로운 기대

이러한 새로운 교육 모델에서 우리는 십대들이 분명 뭔가 더 훌륭하고 다른 모습을 보여주기를 기대한다. 수많은 연구결과가 보여 주듯이, 학생들을 수동적으로 가만히 앉혀 두고 빈 용기에 정보를 가득 채워넣듯이 가르쳐서는 효과적인 학습이 일어나지 않는다. 학생들이 학습과정의 동반자가 되어 학습에 직접 참여해야 한다. [표 16.1]은 뇌친화적인 수업에서 십대들에게 어떤 행동을 기대하는 것이 바람직한가를 제시하고 있다.

표 16.1 뇌친화적인 수업에서 십대들에게 기대하는 모습

- 다양한 그룹 활동에 적극적으로 참여한다.
- 갈등이 생겼을 때 합리적인 방식으로 해결한다.
- 직접 경험한 내용뿐만 아니라 여러 가지 출처에서 찾아낸 정보를 평가하고 통합하여 새로운 학습상황이나 문제에 적용해본다.
- 자신이 무엇을 배울 것인지를 분명하게 선택하고, 그러한 선택이 다른 학생들의 학습에도 영향을 미친다는 사실을 책임 있게 받아들인다.
- 학습과제를 여러 유형의 지능이나 기술, 의사소통 기술을 이용하여 다양한 방식으로 수행한다.
- 자신의 학습과정과 다른 학생들의 학습과정을 성찰해보는 시간을 마련한다.
- 자신이 배운 내용을 다양한 도구와 평가기법을 이용하여 보여준다.
- 궁금한 부분을 친구들끼리 서로 물어보고 가르쳐주면서, 전문가나 교사의 역할이 되어보기도 한다.
- 발표, 작문, 그림, 몸짓, 연극, 춤, 시각예술 등 다양한 의사소통 도구 및 기법을 활용하여 주제와 개념을 살펴보고, 의미를 구성하며, 이해한 내용을 다른 사람에게 전달한다.
- 신체활동이나 직접 조작해보는 체험활동에 자주 참여한다.
- 다양한 학문 내용을 통합적이고 전체적인 시각으로 배울 수 있는 학습활동에 참여한다.
- 지금까지 배운 내용과 직접 경험한 것들, 새롭게 알게 된 사실을 총동원하여 실생활에 적용해볼 수 있는 실질적이고 의미 있는 학습활동에 참여한다.
- 교사를 학습과정의 동반자로 생각하고, 학업계획이나 성취에 있어 교사와 함께 소통하고 협력한다.

뇌친화적인 교육은 다음과 같은 특징을 지닌다.

● 물리적, 사회·정서적, 인지적 측면에서 학생들에게 필요한 환경을 조성한다.

● 모든 학생에게 학습능력이 충분하다는 사실을 믿고 기대한다.

● 교사와 학생이 학습과정에 대한 책임을 공유한다.

● 교사의 역할과 책임이 매우 다양하다.

● 학생들은 상호작용하는 학습자로서, 다방면의 학습활동과 경험에 적극적으로 참여한다.

● 학생들은 자신의 학습뿐만 아니라 다른 학생들의 학습에 대해서도 책임을 느낀다.

🔍⊕ 생각해볼문제

● 나의 경우에는 뇌친화적인 교육에서 말하는 내용 중에서 특히 어떤 요소에 더 주목해야 할까?

● 모든 학생이 자신의 학습에 책임감을 느끼게 하려면 어떻게 해야 할까?

● 뇌친화적인 수업의 여러 가지 교사 역할 중에서 내가 이미 능숙하게 하고 있는 역할은 무엇인가? 또한 어떤 역할이나 책임에 더 주목할 필요가 있는가?

● 어떻게 하면 학생들의 적극적인 학습 참여를 끌어낼 수 있을까?

● 학생들이 서로 책임감을 공유하는 학습 공동체를 어떻게 만들 수 있을까?

17장 뇌친화적 교육의 의미

교육이 나아가야 할 길

4부에서는 이 책을 읽으면서 무엇을 느꼈고 무엇을 배웠는지
다시 한 번 생각을 정리하는 시간을 갖는다. 청소년 뇌에 대해 알게 된
새로운 사실들이 교육자와 학부모들에게 어떤 의미가 있고
각 교육주체들은 어떻게 대처해야 하는지를 정리한다.

뇌친화적 교육의 의미

"청소년 뇌에 대해 알게 된 새로운 사실들이 과연 우리에게 어떤 의미인가? 결론적으로 말하자면, 십대 아이들 중 누구도 포기해서는 안 된다는 것, 즉 아직 희망이 있다는 것이다."

- 제이 기드(Jay Giedd),

『십대들의 뇌에서는 무슨 일이 벌어지고 있나

(The Primal Teen: What the New Discoveries

About the Teenage Brain Tell Us About Our Kids)』에 인용

여러분은 아마도 십대 자녀를 둔 부모이거나 중고등학교 교사 혹은 교장·교감 선생님, 혹은 교사연수 담당자이기 때문에 이 책을 집어 들었을 것이다. 서두에서도 밝혔듯이, 이 책은 십대를 가르치거나 함께 일하는 사람들, 십대와 한 집에서 부대끼며 사는 사람들, 십대와 관련된 다양한 일을 하는 사람들을 위한 책이다.

마지막 장에서는 이 책을 읽으면서 무엇을 느꼈고 무엇을 배웠는지 다시 한 번

생각을 정리해보도록 하자. 이 책을 읽고 나서 어떤 생각이 들었는가? 이 책을 읽는 동안 뇌에서 어떤 변화가 일어났을까? '아하!' 하고 뭔가 깨달았던 순간이 있었는가? 십대들과 서로 소통하며 함께한다는 것이 어떤 의미인지 진지하게 생각하게 만든 주제나 특정 개념은 무엇이었는가? 이 책을 통해 십대들의 사고방식과 학습방식에 대해 미처 생각하지 못했던 중요한 사실을 알게 되었는가? 아니면, 십대들과 그들의 뇌에 대해 이미 알고 있던 것을 확인하는 정도에 불과했는가? 이 책에 나온 내용은 부모들이 예측할 수 없는 십대 아이들을 좀 더 이해하고 공감하는 데 도움이 되었는가? 교사 입장에서 볼 때, 이런 정보가 아이들을 효과적으로 지도하는 데 어떤 도움이 되었는가? 교수전략을 개선하기 위해 어떤 변화가 필요할까? 혹은 교장·교감 선생님 입장이라면, 학교 조직을 편성하거나 교과과정 및 교육 프로그램을 개발하고 실행할 때, 혹은 효과적인 교수법을 교내에 널리 보급하고자 할 때, 이 책이 어떤 영향을 미칠 수 있을까? 교직원이나 교사연수 담당자의 입장이라면, 이 책에 나온 내용이 교사나 다른 교직원들을 위해 행정 서비스를 제공하거나 교직업무 향상 프로그램을 만들고 교육을 실시할 때 어떤 영향을 줄 수 있을까?

청소년기 뇌와 그 발달과정에 대한 새로운 지식을 알게 되면서 뭔가 변화를 만들어 낼 수 있다는 생각에 힘을 얻기도 하지만, 한편으로는 이러한 정보를 어떻게 적용해야 할지 두렵기도 하다. 하지만 청소년기 뇌에 대해 알게 되면서 희망과 기대감을 품게 되는 것은 분명하다. 청소년기에 일어나는 뇌의 변화를 생각해볼 때, 청소년기는 아이들이 각자의 뇌에 잠재해 있는 엄청난 가능성을 펼쳐 보이고, 사회성과 감성, 인지적 학습역량을 발달시킬 수 있는 또 한 번의 기회가 되기 때문이다. 즉, 이 말은 청소년기에 십대들이 겪는 일들은 매우 중요하며, 이때 경험한 일들이 그들의 삶에 엄청난 영향을 끼친다는 것을 의미한다.

표 17.1 **십대들의 뇌에는 뭐가 있을까?**

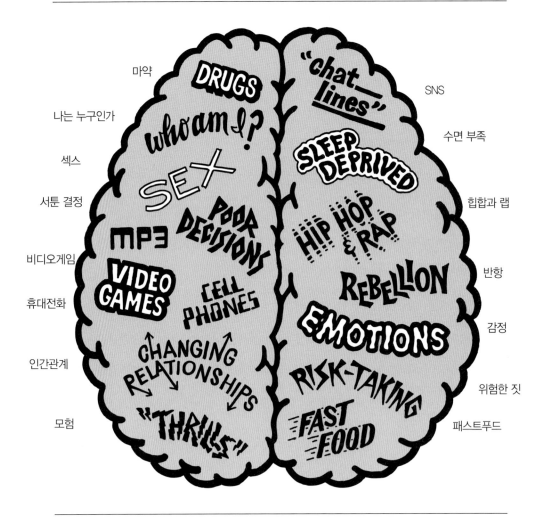

하지만 한편으로 이 새로운 지식은 우리에게 엄청난 과제를 던져준다. 청소년기 뇌의 발달과정을 이해하게 되면, 어른들이 십대들을 어떻게 대하는지에 따라 그들의 삶이 엄청나게 달라질 수 있다는 사실을 깨닫게 되기 때문이다. 이런 사실은 특히 극심한 좌절 속에서 방황하고 있는 십대 아이를 자녀로 둔 부모에게 새로운 희망과 깨달음을 줄 것이다. 십대의 뇌에서 벌어지고 있는 일들을 이해하게 되면, 비록 지금은 십대 자녀들이 위험하고 일탈적인 행동을 보이더라도, 그런 행동이 부모들이 걱정하는 것만큼 그리 오래가지는 않을 것이라는 사실을 깨닫게 될 것이다. 여유를 가지고 아이들의 상황에 따라 적절한 도움을 준다면, 아이들의 행동은 올바른 방향으로 충분히 개선될 수 있다.

십대들의 뇌가 이전에는 알지 못했던 방향으로 발달하고 있고, 그 과정에서 뇌가 엄청난 변화를 겪는다는 사실을 알게 되면, 부모와 교사는 십대들을 새로운 시각으로 보게 될 것이다. 또한 청소년의 비행이나 잘못된 선택, 때로 혼란스럽고 이해할 수 없는 그들의 행동을 좀 더 인내심을 갖고 지켜보게 될 것이다. 십대들의 뇌는 이미 완성된 상태가 아니라 만들어지는 과정이라는 사실을 이해하고, 십대들을 대할 때마다 이런 사실을 떠올린다면, 부모와 교사 모두에게 분명 큰 위안이 될 것이다.

> 십대들의 뇌가 이전에는 알지 못했던 방향으로 발달하고 있고, 그 과정에서 뇌가 엄청난 변화를 겪는다는 사실을 알게 되면, 부모와 교사는 십대들을 새로운 시각으로 보게 될 것이다.

총 복습

청소년기 뇌와 발달과정에 대해 앞서 배운 내용을 다시 한 번 살펴보도록 하자. 여러 내용 중에서 꼭 기억해 두어야 할 핵심사항은 다음과 같다.

- 청소년기를 지나는 동안 뇌에서는 신경세포가 자라나 새로운 신경연결을 맺고, 그러한 연결이 정교하게 다듬어지는 과정을 거치면서 역동적인 변화가 일어난다.
- 십대들이 모순적이고 이해할 수 없는 행동을 보이는 것은 대부분 생리학적인

요인에서 기인하는데 이는 뇌가 계속 발달하고 변화하기 때문이다.

- 청소년기 뇌는 '사용하라, 그렇지 않으면 사라진다'의 원리를 따른다. 십대들의 뇌가 어떤 유형의 신경회로를 만들고, 이런 연결이 얼마나 오래 유지되느냐는 청소년기에 경험하는 다양한 활동에 따라 달라진다. 자주 사용되는 신경회로는 연결이 오래 유지되고, 정보 흐름의 효율성이 높아지는 반면, 사용되지 않는 신경회로는 사라진다.

- 청소년기 뇌에서 가장 마지막에 발달하는 부위는 추론과 의사결정 등 고등 인지기능을 담당하는 전전두엽 피질이다.

- 청소년기에는 언어 능력 및 의사소통 능력이 점점 정교해지고 한층 향상된다.

- 십대들이 감정을 처리하는 방식은 어른들과 다르기 때문에, 그들은 종종 상황을 잘못 받아들이거나 다른 사람의 감정을 잘못 해석하기도 한다.

- 십대들의 사고 활동에는 주로 편도체가 관여한다. 즉, 의사결정을 할 때 이성적 사고를 담당하는 뇌 부위보다 감정을 담당하는 뇌 부위가 더 많이 관여한다. 그 결과 십대들은 자신의 행동과 결정이 어떤 결과로 이어질지 잘 파악하지 못하는 경우가 많다.

- 십대들의 학습 동기는 쉽게 좌절될 수 있기 때문에, 교사는 학생들에게 구체적이고 단기적인 외재적 동기를 부여할 필요가 있다.

- 청소년기에는 뇌에서 성호르몬 분비가 급격히 증가하여 기분이나 흥분 상태를 조절하는 신경화학물질에 영향을 끼친다.

- 뇌의 쾌락·보상 중추에 일어나는 화학적인 변화로 인해, 십대들은 충동에 빠지기 쉽고 위험한 일을 감행하거나 무분별한 행위를 할 가능성이 높다.

- 청소년기 뇌는 스트레스에 취약하고, 각종 약물 오남용으로 인해 일어나는 장기적·영구적인 변화에 대해 저항력이 약하다.

- 많은 정신장애가 청소년기에 처음 발생한다.

- 십대들은 약물 종류에 상관없이 모든 중독에 빠지기 쉽고, 십대의 중독 증상은 성인에 비해 치료하기가 더 어렵다.
- 십대들은 수면 부족에 시달리는 경우가 많다. 청소년기에 뇌가 잘 발달하기 위해서는 적절한 영양 섭취와 충분한 휴식이 꼭 필요하다.
- 신체 활동은 십대들의 뇌 발달에 많은 도움이 된다.
- 십대들은 사회적인 영향을 많이 받으며, 또래 관계를 매우 중요하게 생각한다.
- 청소년기는 십대들은 물론, 부모와 교사에게도 격동과 혼란의 시기이다. 이 시기에 십대들은 자주성을 확보하고, 자아 정체성을 확립하며, 지속적인 유대 관계를 만들기 위해 고군분투한다.

어떻게 하면 십대들의 잠재력을 끌어낼 수 있을까?

십대들이 각자의 잠재력을 충분히 끌어낼 수 있도록 도와줄 수 있는 방법에는 여러 가지가 있다. 여기 그 출발점으로 삼기에 좋은 몇 가지 방안을 소개한다.

학부모

- 십대들은 이제 어른이나 다름없다는 생각을 바꾸도록 한다. 덩치가 크고 많이 먹는다고 해서 어른처럼 생각하고 행동할 수 있는 능력까지 갖춘 것은 아니다.
- 서로 지지해줄 수 있는 행복한 집안 분위기를 만들도록 노력한다. 십대 자녀와 규칙적으로 대화를 나누고, 무엇이 그들을 힘들게 하는지, 바라는 것이 무엇이며 어떤 걱정거리를 가지고 있는지 이야기를 나누도록 하라. 아이들의 이야기에 귀 기울이도록 하라!
- 집안일을 분담하거나 규칙과 책임에 대해 의논할 때 부모로서 바라는 것이

무엇인지 분명하게 밝히고 의사를 정확하게 전달한다.

- 십대 자녀에게 강압적으로 굴지 말고, 아이들이 내려야 할 결정을 일일이 대신 해주어서도 안 된다. 대신 아이들이 어려운 문제로 고민하고 결정하는 과정을 지켜봐주도록 한다. 아이들이 취한 행동이나 결정이 어떤 결과를 낳을지에 대해 넌지시 힌트를 준다. 또한 사회적으로 용인되는 행동 기준이 무엇이고, 그 기준을 어겼을 때 어떤 일이 벌어질지 아이들이 이해할 수 있게 도와준다.

- 위험 행동이 될 수 있는 요인을 파악하고, 대비할 수 있는 계획을 세운다. 십대 자녀가 스스로 어려운 상황을 자초했을 때, 문제 행동을 일으킬 수 있는 조짐을 파악하지 못한 채 무조건 실망감에 빠져 있기보다는 자녀가 문제를 해결할 수 있도록 도와주는 것이 현명하다.

- 규칙적인 운동과 건강한 생활습관(영양가 높은 식사, 충분한 휴식과 여유, 약물 사용 자제, 적절한 인간관계 등)을 장려하고 몸소 시범을 보인다.

- 십대 자녀가 어떤 친구를 사귀는지, 그들과 어떤 활동을 함께 하는지 주의를 기울이되, 자녀의 친구에 대해 나쁘게 말하거나 그들이 선택한 일에 대해 부정적인 언급을 하지 않는다.

- 십대 자녀가 편하게 쉴 수 있는 개인적인 공간을 마련해준다. 자신만의 독립된 공간을 갖고 싶어하는 마음을 헤아려주도록 한다.

- 일정한 규칙을 정하고, 그러한 규제사항을 분명하고 일관되게 적용한다. 단, 이러한 규칙에 대해서는 부모와 십대 자녀가 서로 합의해야 하며, 부모는 자녀에게 그러한 규제사항을 두는 이유를 설명해주어야 한다. 규칙이나 통금시간 등 일정 부분은 자녀 스스로 정하도록 해준다. 십대 자녀에게 부모는 일관성 있고 안정된 존재여야 한다.

- 실수를 하면서 자연스럽게 배우는 과정을 통해 사회적·정서적·인지적으

로 성장할 수 있도록 한다. 실수를 하고 잘못된 부분을 고쳐 가는 방식은 실제로 뇌가 학습하는 방식과 같다.

- 십대 자녀가 사회적 관계, 운동, 학교, 일 등 삶의 여러 방면에서 균형을 유지할 수 있도록 도와준다. 지나치게 바쁜 일정으로 힘들어하지 않도록 사전에 일정을 조율할 수 있을 것이다. 십대들은 (부모와 교사의 영향을 받아) 여러 활동에 최대한 많이 참여할수록 좋다는 생각에 현혹될 수 있다. 그렇게 하면 자기소개서에 쓸 내용이 많아 자기소개서가 돋보일 수는 있겠지만, 대신 만성 피로와 수면부족을 겪게 되며, 학업에 대한 열의와 학업 수행능력이 향상되기는 어렵다.

- 십대 자녀에게 일정표나 일일 계획표 작성, 목표 설정 등 시간 관리 전략을 가르친다. 충분한 휴식과 수면 시간을 고려하여 스스로 계획을 세울 수 있도록 지도한다.

- 십대 자녀에게 음악, 연극, 행위 · 시각 예술 등 풍부한 경험을 할 수 있는 활동에 참여할 것을 적극 권장한다. 이러한 활동들은 뇌의 전 영역을 활성화하는 홀브레인 활동이며, 청소년기 뇌에 여러 가지 신경회로를 발달시킨다고 알려져 있다. 십대 자녀가 TV 시청, 컴퓨터 오락, 인터넷 서핑 등 고립적이고 정적인 활동에 중독되도록 방치해서는 안 된다. 뇌가 발달 중일 때는 도전적인 활동, 사회적 참여 경험이 필요하다.

- 학교 일에 지속적으로 관여하고 자녀들의 교육과 학교 활동에 대한 정보를 꾸준히 접한다.

- 십대 자녀와 힘겨루기를 하는 상황을 피한다. 특히, 서로의 의견 중 하나를 채택해야 하는 상황이라면 기 싸움이 되지 않도록 더욱 유의한다.

- 무엇보다도 유머 감각을 잃지 않도록 한다. 자녀들이 지금 힘든 시기를 겪고 있다는 사실을 인정하고 부모가 인내심을 발휘해 아이들의 처지에 공감해주

도록 한다. 아이들의 반응을 곧이곧대로 해석해서는 안 된다. 십대들은 의사 결정이나 판단을 할 때 감정을 조절하는 뇌 부위가 활성화되는 경향이 있으며, 그들이 반항적인 행동을 하는 것은 신체 호르몬처럼 생리학적인 변화 때문이라는 사실을 잊지 않도록 한다. 청소년기에 경험하는 정서 불안과 혼란은 시간이 지나면 곧 사라질 것이라는 확신을 가지도록 한다.

교사

- 청소년기 뇌와 그 발달 과정에 대한 지식을 쌓고, 그러한 지식이 수업과 교수법에 주는 함의(含意)는 어떤 것인지 생각해본다. 청소년기 뇌에 관한 최근의 과학적 연구 동향, 그중에서도 특히 수업에 대한 시사점이 분명한 연구 결과를 꾸준히 접하도록 한다.

- 십대 학생들에게 그들의 뇌가 현재 발달 중이며, 이러한 뇌 발달이 그들의 행동과 의사결정뿐만 아니라 사회 · 정서적 · 인지적 발달에 어떤 영향을 미치는지를 가르쳐준다. 이러한 사실을 아는 것은 학생들에게 큰 힘이 될 수 있다.

- 학생들에게 자신의 관심사, 장점, 능력 등을 파악하여, 일목요연하게 정리해보도록 지도한다. 이 정보를 활용하여 학생들에게 가장 적합한 활동과 경험이 무엇인지 판단하는 근거로 삼는다.

- 학생들에게 다양한 도전과 경험을 시도해볼 것을 권장한다. 하지만 수만 번의 평범한 경험보다 몇 번의 강렬한 경험이 더 유익할 수 있다는 것을 알려준다.

- 학생들이 현재 참여하고 있는 각종 학습경험이 그들의 발달 단계에 적합한지 확인한다. 학생들이 가르치고자 하는 내용을 이해할 수 있을 정도의 인지 능력과 학습 배경을 갖추고 있는지 확인한다.

- 십대 초반 아이들과 십대 후반 아이들이 서로 다르다는 것을 인식하도록 한다. 이들에게 서로 다른 교수전략을 적용해야 하고, 자율성의 정도와 수업 난이도 등도 다르게 적용해야 한다.

- 청소년, 특히 십대 초반 아이들에게는 외적 동기를 부여해줄 필요가 있다. 학생들의 동기를 유발하고 내적 동기를 끌어낼 수 있는 다양한 방안을 탐구하고 개발해야 한다.

- 뇌의 여러 신경회로를 자극할 수 있도록 다양하고 풍부한 학습경험을 제공한다.

- 십대들에게 학습계획과 시간관리 전략에 대해 지도하고, 어느 한 곳에 치우치지 않는 균형 있는 삶이 중요하다는 사실을 인식하게 한다.

- 십대 학생들에게 효과적인 교수전략을 찾아내기 위해 다양한 교수전략을 적용해보고, 효과적이라고 입증된 학습법은 적극적으로 활용한다. 또한 동료 교사들과의 정기적인 만남을 통해 이러한 성공적인 교수전략을 공유한다.

- 담당하고 있는 교과를 뇌친화적인 수업으로 계획해본다. 십대 아이들의 잠재력을 끌어내기 위해 새로운 교실환경을 도입하고 적용하는 과정을 즐거운 도전으로 받아들이자. 교사가 어떻게 가르치느냐에 따라 학생들의 학업성장이 달라진다는 사실을 명심하도록 한다. 교사의 역량이 교육의 질을 가늠하는 중요한 요인이라는 사실이 연구를 통해 거듭 밝혀지고 있다.

- 이 책의 아이디어를 당장 내일이나 다음 주부터 활용해 보자!

학교 및 학교 운영자

- 학교 내에 뇌친화적인 수업문화를 조성하고 육성한다. 교직원 연수를 통해 뇌친화적인 수업에 대해 알리고, 교사와 다른 직원들이 정기적으로 모여 청소년을 가르치는 일에 관한 깨달음, 지식, 성공담, 고민 등을 적극적으로 돌

아보고 공유하는 교직원 학습 공동체를 조직한다.

- 학교 교육을 이끄는 리더로서 최신 뇌 연구결과를 살펴보고, 그러한 연구 결과가 교수법에 어떤 영향을 미칠지에 대한 정보를 꾸준히 입수한다.

- 모든 학생이 존중받고, 학교를 안전한 곳으로 느끼고, 배우려는 자세를 지닐 수 있도록 한다. 또한 학부모나 보호자를 학생들의 교육을 위해 함께 노력하는 동반자로 인식할 수 있는 학교문화를 만든다.

- 학부모 및 그 밖의 지역사회 구성원을 대상으로 워크숍 등 학습 기회를 마련하여 청소년기 뇌와 뇌친화적인 수업에 대해 배울 수 있는 기회를 제공한다.

- 십대들이 상급 학교에 성공적으로 진학할 수 있도록 진학 지도 체계를 지원·육성한다.

- 학내 멘토 프로그램이나 상담 프로그램을 마련한다.

- 정규 교과과정 및 병행 교육과정 상에서 다방면의 풍성한 교육 프로그램을 갖춘다.

- 학생 누구나 정규 일과 시간 동안 활발한 신체 활동을 할 수 있도록 기회를 제공한다. 치열하게 경쟁하는 학교 대항 스포츠 경기부터 매일 이용할 수 있는 헬스클럽까지 다양한 활동을 마련해 준다. 여기에는 그룹 활동과 개인 활동이 모두 포함된다. 나중에 어른이 되어서도 지역 사회에서 운동을 계속해 나갈 수 있도록 지속적인 활동에 중점을 둔다. 사실, 현실적으로 고등학교를 졸업한 후에는 스포츠 활동을 계속 해 나갈 수 없는 경우가 많다.

- 학내에 건강한 식습관을 위한 프로그램을 만든다. 영양을 골고루 섭취하고 수분을 충분히 섭취하는 것이 발달 중인 청소년기 뇌에 얼마나 중요한지 강조한다.

- 실험을 통해 청소년기 뇌의 자연적인 학습 주기와 수면·각성 주기가 반영된 학교 시간표를 만들고, 수업의 시작과 종료 시점을 조정한다.

- 숙제 관련 방침을 정할 때 십대에게 필요한 휴식 시간과 충분한 수면을 고려해서 조화를 이루도록 한다. 매일 밤 서너 시간씩 학교 숙제를 한다는 것은 두말할 나위 없이 비합리적이고 비현실적인데다 갈등의 씨앗이 될 소지가 있다.
- 학교의 교육 프로그램이 기본적으로 종합적이고 범교과적인 성격을 지향하도록 구성한다.
- 청소년기 학생들이 인턴직·수습직 근무, 멘토 상담, 지역사회 봉사활동 참여 등 실생활 속의 실제적인 교육 경험에 참여할 수 있는 기회를 마련한다.
- 학생들이 1년 휴학을 하고 직업 체험, 수습사원 생활, 여행, 자선단체 활동 등을 할 수 있도록 학사 일정과 졸업 요건을 어떤 방안으로 개편할지 진지하게 고려해본다.

교직원 및 교원 연수 담당자

- 뇌 관련 연구는 어떤 것이 있고, 그러한 연구가 학교 운영과 교수법에 주는 시사점은 무엇인지 각종 정보를 섭렵하고 최신 정보를 꾸준히 접한다.
- 교사와 교육자들이 뇌친화적인 수업에 관해 시기적절하면서도 간결한 최신 정보를 배울 수 있는 기회를 마련하고, 이러한 정보를 입수할 수 있는 방안을 알려준다.
- 직접 주관하는 워크숍, 세미나 등의 연수 프로그램에서 뇌친화적인 수업을 시연한다.
- 학부모와 지역 주민들을 대상으로 뇌와 뇌친화적인 교수학습법에 대한 워크숍을 기획하고 지원한다.

가능성의 문을 열다

지금까지 배운 내용을 종합해서 다시 한 번 생각해보자. 청소년기 뇌와 그 발달 과정을 깊이 이해하게 되면, 궁극적으로 우리는 무엇을 얻을 수 있을까? 그것은 일단 청소년기가 뇌 발달과정에서 매우 중요한 시기이며, 이 시기에 가능성의 문이 활짝 열린다는 점을 아는 데서부터 시작한다. 즉 이 시기에는 사회·정서적 기술과 언어 발달, 예술에 대한 이해와 표현, 신체 기술과 운동 능력, 그리고 논증이나 의사결정, 반성적 사고, 문제해결 능력 같은 고등 인지능력이 발달할 수 있는 가능성이 열린다. 이렇게 가능성의 문이 열리는 이유는 뇌의 가소성으로 인해 신경회로가 새로 만들어지고 사라지는 과정이 활발히 이루어지기 때문이다. 하지만 가능성의 문이 열려 있는 시간은 그리 길지 않다. 뇌의 여러 능력을 제때 사용하지 않는다면, 문이 금세 닫혀버려 가능성이 모조리 사라질 것이다. 따라서 십대들과 함께 보내는 시간이 많은 교사와 학부모들이 아이들에게 다양한 경험과 학습 기회를 마련해주어, 이러한 가능성의 문을 가능한 한 오래 열어둘 수 있도록 해야 한다.

> 청소년기는 뇌 발달에 결정적인 시기이며, 이 시기에는 다양한 발달의 가능성이 활짝 열린다.

뇌를 깊이 이해하게 되면서 알게 된 가장 중요한 사실은 교육을 통해 학생들이 세상을 다양한 관점으로 바라보고, 다양한 형태로 생각하도록 할 수 있다는 것이다. 여기에 우리를 가슴 뛰게 하는 사실이 하나 있다. 효과적이고 질 좋은 교육은 우리가 생각했던 것보다 학생들에게 미치는 영향력이 훨씬 막강하다는 것이다. 훌륭한 교육을 받으면 학생들의 마음속에 있던 수많은 가능성의 문이 열리게 될 것이다. 이를테면 좋은 교육이란 이런 가능성의 문이 잘 열리도록 경첩에 기름칠을 해주는 것과 같다. 즉 뇌에 새로운 학습과 기억 회로가 만들어지고, 신경회로

간의 연결이 강화되고, 좀 더 오래 유지될 수 있게 해주는 것이다. 이런 과정을 통해 청소년들의 잠재력이 깨어나고, 계속 발전해 나갈 수 있으리라 생각한다.

우리는 이미 알고 있다. 교사들이 학생들의 뇌가 학습하는 데 가장 좋은 수업환경을 만들기 위해 계속 노력한다면, 교실의 모든 학생이 성공적인 학습자가 될 수 있는 가능성이 열리게 된다는 것을. 그것이야말로 모든 학부모와 교사가 바라는 것이다.

뇌친화적인 교수법의 전파

말콤 글래드웰(Malcolm Gladwell)은 베스트셀러 『티핑 포인트: 작은 아이디어를 빅 트렌드로 만드는 법(Tipping Point: How Little Things Can Make a Big Difference)』에서 다음과 같이 말한다. 어떤 아이디어나 패션 경향, 유행, 신상품, 행동 양식 등이 어떤 지점이나 문턱(즉, 티핑 포인트)에 도달하게 되면 전염병처럼 갑자기 확산되기 시작한다. 즉, 새로운 아이디어나 문화양식 같은 것들이 어느 수준에 이르면 바이러스처럼 급속도로 널리 퍼져 나간다는 것이다. 글래드웰의 가설에서 가장 흥미로운 부분은 아이디어가 확산되는 과정이 그런 아이디어를 믿고 실천하는 단 몇 명(글래드웰이 말한 '연결자(connector)')에 의해 일어난다는 점이다. 또한 아이디어를 확산시키기 위해 중요한 점은 그 아이디어를 먼저 받아들인 사람이 주변에 있는 다른 사람들의 눈높이에 맞춰 아이디어를 유용하고 간편한 형태로 바꿔주어야 한다는 것이다. 이는 아이디어를 쉬운 언어로 해석해주고, 이를 실제 상황에 어떻게 적용할 수 있을지 실용적인 사례를 덧붙여주는 것을 말한다.

이 책의 저자로서 내가 이런 '해석자' 역할을 잘 수행했기를 바란다. 또한 모든 교사가 '연결자'이자 '해석자'가 되어, 새로운 학습과학인 '뇌친화적 학습원리'를 학교와 동료 교사, 지역 학교에 확산시키는 데 기여하기를 바란다. 머뭇거리지 마

라. 뇌친화적 교실과 그러한 학교문화를 만드는 일은 하루아침에 이뤄지지 않는다. 하지만 천 리 길도 한 걸음부터다. 다음 수업시간이나 내일 아침, 혹은 다음 주 월요일에 그 중요한 첫걸음을 내디뎌보도록 하자. 교실에 있는 학생들이 각자 자신의 뇌에 숨겨진 능력을 마음껏 펼쳐 보일 수 있도록 여러 가지 방법을 찾아보자. 이런 '뇌친화적 수업원리'를 친구들과 동료 교사들에게 알려 널리 확산시키도록 하자.

1분 광고 (One-Minute Commercial): 특정 주제나 개념에 대한 이해 정도를 보여주는 효과적인 조별 활동이다. 학생들은 단시간 내에 1분짜리 광고를 만들어 반 학생들 앞에서 공연해야 한다. 이를 통해 방금 배운 주제에 대해 이해하고 있는 내용을 압축적으로 전달할 수 있다.

1분 복습 (One-Minute Reviews): 학생들이 서로 짝이 되어 1분 내로 학습 중인 주제에 관해 무엇을 알고 있고 어떻게 이해했는지를 나누며 신속하게 복습하는 학습 전략이다.

개념 동그라미 (Concept Circles): 동그라미 모양의 카드 용지를 4등분 혹은 그 이상으로 작게 나눈 다음, 각 조각의 빈칸마다 상위 개념과 관련된 단어/구절을 적는다. 각 조각을 가위로 오린 다음, 크기가 동일한 다른 상위 개념의 동그라미 조각들과 섞는다. 학생들은 모둠 단위로 각각의 조각들을 중심 주제별로 분류해서 원래의 개념 동그라미를 완성해야 한다. 혹은 교사가 중심 주제를 하나 정해주거나 미리 두세 조각을 채운 다음 학생들에게 나머지를 채워 넣게 하는 방식으로 진행할 수도 있다.

개념지도 (Concept Map): 그래픽 오거나이저의 일종으로 학생들이 중심 주제 및 개념과 관련된 하위 주제나 생각들을 지도 형태로 구성하는 방식이다. 일반적으로 상호 연관된 개념들(단어나 구절)을 선으로 연결하고 간단한 메모를 붙여 개념들을 설명하는 방식이다.

개념획득 및 개념형성 전략 (Concept Attainment and Concept Formation): 교사가 학생들에게 자료를 제공하면, 학생들이 그 자료를 보고 공통된 특징이나 패턴을 찾아 나가면서 중심 주제나 개념을 파악하는 귀납적 방식의 교수전략이다.

개념흐름도 따라 이동하기 (Kinesthetic Flow Charts and Diagrams): 교사가 순환이나 순서, 모종의 규칙적인 구조로 도식화할 수 있는 주제 및 개념을 지도로 형상화하여 교실 바닥에 펼쳐 놓는다. 학생들은 개념의 각 단계나 과정별로 설명을 들으면서 흐름도를 따라 이동한다.

개인 성장 포트폴리오 (Personal Growth Portfolio): 한 단원을 정하여 학생 개인의 학습 성장을 기록하는 참 평가 형식의 활동으로, 학생들은 과제물을 묶고 학습 소감을 곁들여 자료집을 만든다.

갤러리 관람 (Gallery Walk): 모둠 단위로 교실을 한 바퀴 돌며('각 지점별 2분씩' 등 구체적인 시간 계획을 정한다) 다른 모둠이 게시한 작품을 관람하는 방식의 협력학습이다. 모둠별로 차트 용지에 과제 수행 결과를 요약한 다음, 그에 이어서 진행하는 것이 일반적이다.

계약 학습 (Contract Learning): 학생이 특정 학습단원의 평가 기준을 충족하려면 어떤 일련의 과제, 활동, 학습경험을 완수해야 하는지 학생과 교사가 상호 합의(계약 체결) 하에 결정하는 평가 전략이다. 보통 교사가 여러 선택 방안을 제시하면 학생이 이 중에서 하나를 고르는 식이지만, 학생이 직접 선택사항을 제안할 수도 있다.

관찰 점검표 (Observation Checklists): 특정 기능과 능력을 식별할 목적으로 데이터나 진행 상황을 기록하는 용지로서, 학생들의 특정 기능과 능력의 습득에 관해 교사가 관찰하고 기록한 뒤 피드백을 수기에 좋나.

교실모퉁이 질문 (Four Corners): 교사가 질문을 던진 다음, 개연성 있는 답변을 네 가지 제시한다. 이것을 교실 네 군데 모퉁이마다 하나씩 나누어 게시한다. 학생들에게 옳다고 생각하거나 자기의 관점과 가장 가까운 답이 있는 모퉁이에 가서 서도록 한다.

그래픽 오거나이저 (Graphic Organizers): 학생들로 하여금 어떤 주제나 개념에 관한 자신의 지식이나 이해를 표현하고 이를 구성·분류·요약·검토할 수 있게 해주는 일체의 그래픽 표현 형식을 말한다.

극화 (Dramatizations): 극화 활동은 학생들이 모둠을 편성한 다음, 연극을 매체로 어떤 주제나 화제, 생각에 대한 이해를 압축적으로 표현하는 활동이다. 학생들은 배운 지식을 표현하기에 가장 적합한 방법을 선정하여, 연극의 한 장면이나 단막극을 제작하고 대본을 작성한 다음, 반 학생들이나 그 밖의 청중들을 대상으로 연극을 한다.

긍정적 지지 (Affirmations): 학생들의 참여와 바람직한 행동, 학습목표 달성 등을 장려하기 위한 긍정적인 말과 행동, 의식이나 절차 등을 의미한다.

나의 입장 (Where I Stand): 교사가 질문이나 논쟁거리를 제기하고 즉석에서 학생들의 의견을 조사하는 방식의 활동이다. 교실을 가르는 가상의 선을 기준으로 한쪽은 '적극 찬성', 다른 쪽은 '적극 반대'를 나타내며 학생들은 이 중 한쪽에 가서 선다.

네 칸 요약 (Four Square Summary): 용지 한 장을 정사각형 네 칸으로 등분해서 활용하는 그래픽 오거나이저다. 학생들은 각 칸의 제시어에 답해 나가는 방식으로 주제 전체를 요약하게 된다. 글과 그림을 다 활용해서 답을 채워나가는 경우가 일반적이다.

노래 개사하기 (Piggyback Song): 노래 가사를 개사해서 어떤 주제나 개념을 가르치는 활동으로 멜로디나 곡조가 친숙한 노래를 활용한다.

능동적 경청 (Active Listening): 상호 의사소통 전략의 일종. 학생들은 상대방의 의견을 주의 깊게 듣고, 그 내용을 다른 말로 바꾸어보고, 명확하게 이해하기 위해 질문하고, 자신이 이해한 대로 다시 설명하면서 되새겨본다. 그리고 마지막으로 상대방의 감정이나 관점, 의견을 수용하는 법을 배우게 된다. 서로 간의 의견을 조정하거나 갈등을 해소하기 위해 필요한 기법이다.

다중 지능 검사법 (Multiple Intelligence Inventories and Assessments): 각종 다중지능 유형과 관련된 속성·특징·행동 등을 담은 분류 척도로, 학생들이 자신의 다중지능 유형을 식별하는 데 유용하다.

단어 흩뿌리기 (Word Splash): 학생들에게 하나의 주제를 놓고 그것에 관해 이미 알고 있는 사실들을 생각해보게 하거나, 새로 배울 주제와 연관된 단어나 용어들이 서로 어떤 상관관계를 가지고 있는지 깊이 생각해보도록 유도하는 사고 활성화 활동이다. 단어를 (물을 뿌리듯이) 무질서하게 배열한 자료를 만든 다음, 학생들에게 그것을 영상으로 비추어준다.

동기유발 활동 및 선행조직자 (Activators and Advance Organizers): 수업이나 새로운 단원을 시작할 때 활용하는 간단한 학습활동이나 몸풀기 연습문제이다. 효과적인 교수·학습이 일어나기 위해서는 기존 지식을 불러일으키는 것이 매우 중요하다. 가령, '단어 흩뿌리기(word splash)', '나의 입장(where I stand)', '목표 적중(right on target)', '아이디어맵(idea map)' 같은 전략들을 활용할 수 있다.

떠돌이 탐정 (Roving Investigators): 일부 학생들이 교실을 돌아다니며(즉, 떠돌아다니며) 특정 학습주제에 관하여 다른 학생들로부터 가능한 한 많은 정보를 입수하는 방식의 전략이다. 보통 반을 두 조로 나누어 한 조는 탐정 역할을 하고 다른 조는 정보원 역할을 한다.

또래 모임 (Circle of Friends): 또래집단이 둥글게 둘러앉아 각자의 생각이나 느낌, 좌절했던 경험이나 고민거리 등을 서로 이야기하며 갈등을 해소하는 기법이다. 또래 모임을 통해 학생들은 서로의 감정을 인정하고, 해결책을 모색하고, 조언을 주고받는다.

또래 중재 (Peer Mediation): 훈련받은 학생이 토론과 문제 분석 과정에서 중재자 역할을 맡아 다른 학생들 사이의 의견 불일치를 해결하는 갈등해소 전략이다.

마인드맵 (Mind Maps): 어떤 내용이나 주제에 대해 이해한 내용을 지도로 형상화하는 방식의 그래픽 오거나이저로서, 단어, 짧은 문구, 기호, 낙서, 캐리커쳐 등을 이리저리 연결해서 본인만의 주관적인 방식으로 내용이나 주제를 요약한 아이디어맵이다. 색상을 달리 사용하여 기술한 요인들 간의 상관관계와 상호연관성을 부각시키기는 방안도 있다.

모둠별 탐구 (Group Investigators): 학생들이 탐구 질문이나 문제점을 선정한 다음, 그 질문에 대해 어떻게 조사할지 행동 계획을 수립하고, 연구 결과를 수집·정리하여, 반 학생들이나 다른 청중들 앞에서 보고서를 발표하는, 보다 체계적인 협력학습법이다.

모의 상황 연출 (Simulations): 실제 상황을 모델로 삼거나 모의 상황으로 재현하는 학습활동이다. 예컨대, 경제학 수업시간이라면 학생들은 특정 형태의 가상기업을 만들어서, 현실에서 해당 사업 분야와 관련이 될 만한 다양한 이해 관계자들의 역할과 상황을 연기해 본다.

목표 적중 (Right on Target): 학생들이 어떤 주제에 대해 어느 정도 알고 있는지 혹은 얼마나 학습을 했는지 등의 여부를 학생 자신이 원형 과녁의 중점까지의 거리로 표시하는 간단한 평가 전략이다(중점이 최상위 수준의 지식을 나타낸다).

몸으로 표현하기 (Physical Modeling): 운동 감각을 활용하는 교수전략으로서 학생들이 신체 동작이나 역할극 등으로 태양계 행성의 이동과 같은 개념이나 주제 등을 표현한다.

문제 내다 버리기 (Trash Your Troubles): 종이에 근심거리를 적은 다음, 종이를 구겨서 근심거리를 쓰레기통에 던져 버리는 방식의 분노관리 기법이자 감정 조절 전략이다.

문제 해결 중심 학습 (Problem-Based Learning, (PBL)): 학생들이 조별 학습을 통해 실제 상황 속의 문제나 의문점을 해결하는 학습전략이다. 학생들은 문제에 대해 조사하고, 정보의 우선순위를 가리고, 실행 가능한 행동 방침을 모색하고, 해당 문제에 대한 최종 해결책을 도출하게 된다. 교사로부터 배운 내용을 그대로 되풀이하기보다 학생들 스스로 그들이 이해한 내용을 적용해보는 전략이다.

번호제 역할 모둠 (Numbered Heads): 모둠 내 학생 전원에게 고유 번호를 부여한 다음, 교사가 무작위로 한 명을 호명하여 해당 모둠이 수업 내용을 얼마나 잘 이해하고 있는지 불시에 확인하는 방식의 협력학습 전략이다. 예컨대, 교사는 "3번 학생이 이 질문에 답해주세요."라고 말한다(Kagan, 1994).

복습 질문 (Academic Prompt): 수업내용을 단순히 기억하는 것만으로는 답하기 어려운 개방형 질문(open-ended question)이나 과제이다. 학생들은 제시된 질문을 비판적으로 분석하고 평가하여, 자신이 이해한 내용을 토대로 소신껏 답해야 한다(Wiggins & McTighe, 1998).

본질적 질문 (Essential Questions): 중심 생각이나 중심 문제의 핵심을 짚어주는 동시에 관련 쟁점이나 질문까지 포괄적으로 제기하는 질문들을 말한다. 수업 주제를 탐구하는 구성 틀로 이용될 수도 있고, 연관성이나 상관관계를 파악하는 데도 유용하다(Wiggins & McTighe, 1998).

비교표 (Analogy Chart): 학생들에게 생소한 개념을 익숙한 사건이나 사물, 개념과 비교하는 표를 만들어 생소한 개념을 명료하게 이해하기 위한 기법이다. 생소한 개념이나 익숙한 개념 모두에 적용될 수 있는 질문을 여러 개 만들어서 이용하는 것이 좋다. 가령, 형사재판 과정과 설득력 있는 논술문 작성과정에 대한 비교표를 만들 때는 다음과 같은 질문을 할 수 있다. "설득 대상은 누구인가? 무엇을 근거로 삼을 것인가? 근거를 어떤 식으로 제시할 것인가? 어떻게 요약을 할 것인가?"

사례 연구 (Case Studies): 실제 사건이나 허구적인 상황을 바탕으로 한 일반화된 이야기나 서술문을 읽고, 그 글에서 드러난 문제점이나 쟁점을 분석·평가하고 해결책을 제안하는 활동이다.

상상해보기 (Picture This): 흥미와 호기심을 자아내는 사진을 놓고 학생들로 하여금 교사의 질문에 따라 분석해보도록 하는 교수전략이다. 예컨대, 교사는 "이 사진에서 무슨 일이 일어난 것 같나요?"라고 질문을 던진다.

상호 교수법 (Reciprocal Teaching): 교사와 학생의 능동적 상호작용으로 학습자의 고등정신기능 발달에 도움을 주기 위한 상위인지 교수전략의 일종이다. 교사와 학습자 또는 학습자들끼리 서로 역할을 바꿔 가면서 대화를 통해 교재 내용에 대한 이해력과 자기점검 능력을 향상시킬 수 있다.

생각 끌어내기 (Anticipation Guide): 본문 내용을 읽기 전에 일련의 제시문을 읽고 미리 대답하게 하는 활동이다. 보통 찬성/반대 형식으로 응답한다. 이는 본문 내용에 있는 핵심 개념에 대해 학생들의 생각이나 의견, 주장을 불러일으키는 데 목적이 있다(Buehl, 2001; Herber, 1978).

생각하고 짝과 공유하기 (Think-Pair-Share): 학생들이 둘씩 짝을 지어 수행하는 협력활동으로, 우선 개별적으로 교사의 질문에 대해 생각해본 뒤 짝을 지어 주어진 주제에 대한 생각을 공유하는 방식이다(Kagan, 1994).

서비스 러닝 (Service Learning): 학생들이 정규 학습내용과 관련이 있는 지역사회 프로젝트나 봉사활동을 수행하는 지역사회 기반의 교육 형식이다. 예컨대 고등학교 생물 수업의 일환으로 하천 복원 프로젝트를 수행한다.

성공 메시지 ('Can Do' Language): 학생들에게 성공할 수 있다는 긍정적인 메시지를 전달하는 교사의 말을 의미한다. 가령, 교사는 학생들에게 이렇게 말할 수 있다. "여러분 모두 이걸 해낼 수 있어요."

성찰적 질문 (Reflective Questioning): 학생들이 선생님으로부터 배운 내용을 앵무새처럼 되풀이하기보다는 배운 것을 되돌아보고 이것을 요약 · 통합 · 분석하도록 유도하는 질문을 말한다.

속사 (Quick Draws): 교사가 과제를 제시하자마자 학생들이 저마다 그 개념이나 주제에 대해 머릿속에 떠오르는 것을 재빨리 스케치한다. 가령 "갈등이라는 단어를 들으면 무슨 생각이 드나요?"라는 질문을 제시한다.

순환식 질문 주고받기 (Looping): 일종의 복습 전략으로, 학생들이 카드에 어떤 주제나 개념에 관한 복습용 질문과 답을 적어서 한데 모은다(질문과 답은 반드시 다른 카드에 적는다). 학생들에게 질문 카드 한 장과 정답 카드 한 장을 나눠준다. 이 한 쌍의 카드를 이용하여 반 학생들이 순서대로 자기 질문을 읽고 그에 해당하는 답을 가지고 있는 학생이 대답하면서 학습 주제를 복습한다. 이런 식으로 모든 질문과 답변을 주고받은 후 최초에 질문을 한 학생으로 되돌아와서 고리가 완성되면 비로소 순환식 복습 활동이 마무리된다(Bulla, 2000).

시각화 유도 기법 (Guided Visualization): 교사가 어떤 사건을 묘사한 글을 읽어 내려 가는 동안 학생에게는 그 사건이나 상황, 시나리오를 머릿속에서 시각적으로 형상화하도록 훈련시키는 전략이다. 이어서 학생들이 떠오르는 느낌이나 생각들을 글로 쓰거나, 그림으로 그리거나, 혹은 그 밖의 방식으로 묘사하도록 하는 경우가 일반적이다.

식탁매트 브레인스토밍 (Placemat Brainstorming): 책상에 (식탁매트와 같은) 대형 종이를 한 장 펼쳐 놓고 서너 명의 조원들이 한데 모여 교사의 질문이나 제시문에 대한 생각과 반응을 동시에 적어 나가는 방식의 모둠 브레인스토밍 전략이다.

실타래 풀기 (Unravel This): 학생들에게 중심 개념과 관련된 각종 용어나 개념이 적힌 인덱스 카드 묶음을 나눠 준다. 학생들에게 여러 가닥의 끈이나 실도 나눠주는데, 여기에는 어떤 행동을 나타내는 구절이나 단어가 적힌 카드가 부착되어 있다. 학생들이 할 일은 이 모든 카드와 실을 연결해서 각 카드 간의 상관관계와 상호연관성을 나타내는 것이다(즉, 물리적인 개념도나 중심 개념에 대한 그물망을 만드는 것이다). 정교화 시연 전략으로 유용하다.

쓰고 그리기 (Write It and Draw It): 학생들이 어떤 주제나 생각, 개념에 관한 지식과 이해를 언어로 서술하기도 하고(글쓰기) 스케치를 통해 표현하기도(그림 그리기) 하는 방식의 일지 작성 기법이다. 일지는 글쓰기 단과 그리기 단의 2단 구성을 취하는 것이 일반적이다.

아이디어맵 (Idea Map): 학생들에게 중심 생각이나 중심 개념 주위로 부수적인 아이디어나 관련 아이디어를 최대한 많이 적어 나가도록 요구하는 그래픽 오거나이저다.

알파벳 수프 (Alphabet Soup): 복습 전략이나 선행조직자(advance organizer, 예습 전략으로 어떤 내용을 배우게 될지 궁금증을 유발하는 질문 같은 것을 말한다—옮긴이)로 활용하기 좋은 방법이다. 상자 안에 알파벳을 넣어두고 학생이 직접 뽑거나 교사가 임의로 알파벳 철자 하나를 정해주면, 학생은 그 철자를 시작으로 현재 배우고 있는 학습내용을 간단히 요약해서 답한다(Saphier & Haley, 1993).

어휘 분류 및 추측하기 (Vocabulary Sort and Predict): 새로운 단원을 학습하기에 앞서 중요 어휘를 소개하거나 정리하는 데 유용한 전략이다. 교사가 학습할 단원에서 10~20개의 핵심 어휘를 추려 목록을 작성하면, 학생들은 모둠 단위로 이 어휘들을 서너 개의 범주로 분류하고 각 범주마다 구체적인 명칭을 붙인다. 학생들이 목록에서 어휘를 오려 낸 다음 과제용지(master sheet)에 범주별로 붙여 가며 정리하는 방식이 효과적이다(캐나다 노바스코샤 주 교육청 자료 각색, 1999).

에너지 충전 활동 (Energizers and Energy Breaks): 뇌의 에너지를 충전하고 주의집중력을 다시 높이기 위한 2-5분 정도의 간단한 신체 활동이다. 학생들의 신체와 뇌를 자극하고 에너지를 불어넣기 위해 실시한다.

여섯 색깔 모자 (Six Thinking Hats): 학생들이 여섯 가지 색깔의 모자를 번갈아 쓰면서 특정 쟁점이나 문제를 여섯 가지 관점으로 검토하는 방식의 비판적 사고 능력 훈련 전략이다(de Bono, 1985).

역할극 (Role Playing): 학생들이 특정 (허구적·역사적) 인물, 예컨대 전쟁에서 작전 수행 중인 장교 등의 역할을 맡아 어떤 생각이나 주제, 개념 등에 대한 이해의 깊이를 보여주는 방식의 연극 활동이다.

연상기호 암기법과 기억보조도구 (Mnemonics and Memory Aids): 키워드, 약문법(acrostic sentences), 약어법(acronyms), 각운연결암기법(pegging rhymes), 신체 동작 힌트 등 각종 암기법으로 학생들이 의미 정보를 복습하고 암기하는 데 활용하는 정교화 시연 전략을 말한다.

워크숍 교수법 (Workshop): 학생들이 주요 활동과 과제를 완수하는 동안 교사들이 특정 능력 중심으로 계속 지도하고 피드백을 주는 교수·학습 전략으로, 학생들은 이 과정에서 해당 능력의 발달·향상에 집중하게 된다. 예를 들어, 교사는 향토사 연구를 수행하는 과정에서 학생들에게 역사 연구 및 사료 정리 능력 발달과 관련하여 도움을 주고 이를 지속적으로 지도한다.

은유 활용 (Metaphors): 학생들이 어떤 주제나 개념을 얼마나 잘 이해하고 있는지 단적으로 드러내주는 효과적인 방법이다. 이 방법은 특정 주제나 개념에서 일반적인 패턴을 찾아낸 다음, 전혀 다른 주제나 개념에서 그와 동일한 패턴을 찾아내는 과정을 포함한다.

음악 활용 (Music): 음악은 뇌기반 수업에서 다양한 방식으로 활용될 필요가 있다. 학습 활동이 진행되는 동안에는 배경음악, 분위기와 심리 상태를 조성하는 역할, 수업 각 단계의 시작과 종료를 알리는 신호음의 용도로 음악이 활용되는 것이 바람직하다. 또, 그 자체로 특정 내용을 가르치기도 하고, 개념 이해와 평가를 보강해주는 암기 보조 기능도 한다(예를 들어, 평가의 일환으로 학생들이 배운 내용을 토대로 노래를 만들도록 할 수 있다).

이중 원 복습활동 (Inside and Outside Circle): 학생들을 두 겹의 원으로 배치하여 안쪽 원과 바깥쪽 원의 학생들이 서로 마주보게 하는 방식의 협력학습 구성 방식이다. 얼굴을 맞댄 학생들끼리 짝이 되어 짧은 시간 동안(1-2분) 배운 내용을 복습하거나 질문을 주고받거나 간단한 과제를 완수한다(Kagan, 1994).

장점, 단점, 흥미로운 점 (PMI): PMI는 '장점(Plus)', '단점(Minus)', '흥미로운 점(Interesting)'의 세 항목을 뜻한다. 학생들이 앞서 학습한 내용에서 가장 긍정적이거나 중요한 사항, 부정적이거나 불명확한 요소, 흥미롭거나 추후 연구가 필요한 사항 등을 확인해 나가며 학습을 돌아보게 해주는 그래픽 오거나이저다(de Bono, 1986).

점진적 공개 (Slow Reveal): 새로운 주제를 소개하는 시점이나 복습 시간에 사용하는 전략으로, 교사가 차후 학습할 예정이거나 직전에 학습한 주제에 관한 사진이나 이미지, 퍼즐 등을 조금씩(한 장씩) 점진적으로 공개하는 방식이다. 한 차례씩 공개할 때마다 구두로 힌트를 주기도 한다. 학생들은 공개 횟수와 단서의 개수를 최소로 하여 이미지나 개념을 알아맞혀야 한다.

정교화 시연 전략 (Elaborative Rehearsal Strategies): 학습자의 이해력과 암기력을 향상시킬 수 있는 방안으로, 학습자가 정보를 응용 · 복습 · 분석 · 고찰하는 데 도움이 되도록 고안된 일체의 학습전략을 말한다.

정보 카드 (Fact Cards): 방금 배운 주제에 관한 각종 정보가 단편적으로 들어 있는 카드 묶음을 협동 모둠의 구성원들에게 나눠주면 해당 모둠에서 정보 카드를 활용하여 과제를 완수하는 방식의 복습 전략이자 시연 전략이다. 구성원들 모두 각자가 소지한 정보 카드를 보고 필요한 정보가 자기에게 있는지 확인해야 하기 때문에, 이 과제를 완수하기 위해서는 협력이 필요하다.

중요 단어/문구 (Key Word or Phrase): 교사가 주제나 개념을 정하여 그에 관한 키워드나 핵심 문구를 제시하면, 학생들이 그 키워드나 문구의 각 철자로 시작하는 관련 개념을 생각해내야 하는 수업 전략이다.

지식 사전 (Know Books): 학생이 직접 제작하고 개발한 교과서 내지 포트폴리오로서, 여기에는 메모, 그림, 스케치, 사진, 그래픽 자료 등은 물론이고 손으로 쓴 메모, 타자기나 컴퓨터로 작성한 메모 등도 포함된다. 이들 자료들은 특정 주제나 단원에 대한 학생의 지식수준과 이해 수준을 반영한다. 탁월한 평가 도구이다(Abernathy & Reardon, 2003).

직소 그룹 활동 (Jigsawing): '모그룹(home group)'에서 시작해서 '전문가그룹(expert group)'으로 분화하여 학습 과업을 완수한 후, 다시 모그룹으로 돌아와 전문가그룹에서 배운 내용을 소속 그룹의 다른 구성원들에게 가르치는 체계적인 협력학습 활동이다(Aronson et al., 1978).

진실과 거짓말 (Facts and Fibs): 학생들이 인덱스 카드에 방금 배운 주제에 관한 문장을 여러 개 적되 '거짓'인 문장을 하나 적고 나머지는 모두 '참'인 문장을 적는 방식의 복습 전략이자 시연 전략이다. 이어서 둘씩 짝을 짓거나 소그룹을 구성한 다음, 상대방은 어느 문장이 거짓인지 판단하고 그 문장을 택한 이유를 설명한다.

질문−정답 카드 짝 찾기 (Q&A Match): 학생들 절반에게는 질문 카드를 나눠주고 나머지 절반에게는 정답 카드를 나눠준 다음, 학생들에게 교실을 돌아다니며 다른 학생들과 주제에 대해 이야기를 나누어서 질문 카드와 정답 카드의 짝을 찾도록 하는 방식의 교수전략이다. 새로운 주제를 소개하는 전략으로 적합하며, 복습이나 평가 기법으로 활용해도 매우 효과적이다.

참 평가 (Authentic Assessment): 실생활에서 벌어질 수 있는 문제를 해결하거나 실제 상황에 적용할 수 있는 무언가를 만들게 함으로써 학생들이 갖고 있는 지식과 역량을 보여주도록 하는 평가방식이다. 참 평가의 예로는 개별/조별 프로젝트, 포트폴리오, 일지, 조사 보고서, 성취도 평가 등이 있다.

체크브릭 (ChecBric): 체크리스트와 평가 기준표의 특성을 합친 평가 도구이다. 체크리스트를 통해 학생의 특정 능력이나 자질을 확인할 수 있고, 평가 기준표를 통해 해당 능력의 수준을 측정할 수 있다(Lewin & Shoemaker, 1998).

최고의 암기법 (One Best Way to Remember): 학생들이 자기만의 단어나 구절을 만들어서 중요한 개념이나 주제를 암기하는(나중에 떠올리는) 복습 전략이다. 예컨대, '맹자는 성선설, 순자는 성악설'을 외우기 위해 '맹선이 순악질'과 같은 자기만의 구절을 만든다.

출입증 (Door Pass): 수업 시작이나 종료 시점에 할 수 있는 짧고 간단한 복습 전략이다. 학생들은 학습 주제에 대해서 추가적인 정보를 말하거나 질문에 답을 말한 다음 교사에게 출입증을 제시하여 교실에 들어오거나 나갈 수 있는 허가를 받는다.

카드/그림 분류하기 (Sort Cards and Pictures): 다양한 분류 기준을 적용해서 온갖 범주로 나눌 수 있는 카드 묶음이나 사진들(가령 동물이라면, 척추동물/무척추동물, 육지 동물/수생 동물, 포유류/파충류 등으로 분류 가능)을 활용하는 활동이다. 학생들은 카드를 받아 분류한 다음, 어떤 분류 기준을 적용했는지 설명한다.

카드/그림 순서 배열하기 (Sequence Cards/Pictures): 어떤 사건이나 개념, 주제 등의 연쇄적인 단계나 과정을 기록한 카드를 활용하는 활동으로, 체세포 분열의 단계나 미국 독립 혁명에 이르는 일련의 사건 등을 대상으로 삼을 수 있다. 학생들은 카드를 알맞은 순서로 배열한 다음, 왜 그런 결정을 내렸는지 자기의 입장을 설명할 수 있어야 한다.

타블로 (Tableaux): 학생들이 어떤 상황이나 사건, 개념에 대해 연구·조사를 한 다음 이를 순간적으로 얼어붙은 듯한 정지 장면으로 요약·표현하는 방식의 모둠 단위 극 활동이다.

팀−게임−토너먼트 협동학습 (Team-Games-Tournament): 직소(Jigsaw) 그룹 활동과 유사하지만 그와는 달리 복습 활동으로서, 이해 정도를 확인하는 데 주로 활용된다. 학생들은 우선 서너 명으로 구성된 홈 모둠에서 앞서 배운 내용을 복습한다. 그러고는 각자 흩어져서, 홈 모둠에서 한 명씩 모여 구성된 토너먼트 모둠을 편성한다. 토너먼트 모둠의 구성원들은 게임 카드에 적힌 질문을 가지고 퀴즈를 푼다. 이들의 성적은 개인별로 기록된다. 토너먼트 모둠은 정해진 시간 내에 최대한 많은 질문에 묻고 답해야 하며, 순서가 한 차례 다 돌고 나면 각 구성원은 홈 모둠으로 돌아가서 각자의 성적을 합산하여 홈 모둠의 전체 성적을 산출한다.

학생 주도 전략 (Student Start-Ups): 학생들이 새로 학습할 주제를 연구·조사하고 해당 주제를 반 학생들에게 소개할 참신한 방안을 개발하는 것까지 책임지는 교수전략이다.

학습 파트너 (Learning Partners): 학생들이 둘씩 짝을 지어서 수업시간 혹은 당일 아무 때나 시간을 정해 배운 것을 공유하고 잘 이해했는지 검토해보고 과업을 함께 완수하는 방식의 협동학습 전략이다.

학습 성장과정 피드백 (Descriptive Feedback): 학생들의 학습발달 상황을 구두나 서면으로 알려주는 것을 말한다. 학생들이 지금까지 어떤 성과를 거두었는지 분명하게 말해주고, 앞으로 학습 목표에 도달하려면 어떤 노력이 필요한지 제안해준다.

학습 성찰일지 (Reflection Journals): 학생으로 하여금 교사의 제시문을 기반으로 자기가 배운 것에 대해 돌아보고 기록하게 하는 평가 전략이다.

학습 센터 (Learning Centers): 학생들이 여러 개의 지정된 지점 또는 센터에 들러 일련의 학습 과제나 활동을 완수하는 교수·학습 전략이다. 각 센터마다 중심 주제나 중심 개념과 연관된 활동이나 학습 체험 기회가 있으며, 학생들이 (며칠에 걸쳐) 이 센터들을 돌아가며 방문하는 것이 일반적인 방식이다.

학습 온도계 (Thermometer of Learning): 학생들의 학습 수준이나 이해 수준을 단시간에 평가할 수 있는 기법이다. 학생들은 대형 온도계에 자신의 현 지식 수준은 어디쯤인지를 표시한다. 수은주의 범위는 맨 아래 '저온'(이것에 대해 거의 아는 것이 없음)에서부터 맨 위 '고온'(이것을 가르칠 능력이 됨)까지로 정한다.

학습 일지 (Learning Logs): 학생이 기록하는 일지로서 학생 스스로 학습목적 및 목표를 정하여 목표 성취 진도를 기록해 나간다. 교사가 학생들에게 학습과정을 검토해보고 다음 단계는 무엇일지 생각해보도록 하는 질문을 던지기도 한다.

학습 유형 검사 (Learning Style Inventories): 학생들이 본인의 학습유형을 파악하고 평가하는 데 활용할 수 있는 각종 측정 도구 및 척도를 말한다.

한 단어 학습일지 (One-Word Journal): 학생들이 방금 배우거나 읽은 내용을 한 단어로 요약하여 학습일지에 정리하는 복습 전략이다. 학생들은 적합한 단어를 찾는 데 그칠 것이 아니라, 그들이 선택한 단어가 어떤 면에서 주제의 요점을 효과적으로 드러내는지에 대한 설명도 곁들여야 한다(Angelo & Cross, 1993).

행동결정 표/나무 (Decision Grid and Decision Tree): 그래픽 오거나이저의 일종으로, 학생들은 중심 문제에 대해 그 문제를 해결할 수 있는 여러 방식과 그렇게 생각한 이유를 그려서 문제를 해결한다.

협동 학습 (Cooperative Learning): 학생들이 모둠 단위로 과제나 활동을 완수하는 방식의 학습활동을 말한다. 협동 학습을 위한 활동은 모든 구성원이 공동의 성과를 위해 각자 맡은 몫을 수행하도록 구성된다.

회전목마 브레인스토밍 (Carousel Brainstorming): 학생들이 모둠 단위로 교실을 한 바퀴 돌면서 차트 용지에 적힌 질문에 답하는 브레인스토밍이자 아이디어를 만들어내는 전략이다. 학생들은 자리에 앉아 있고, 대신 차트 용지를 모둠에 차례로 전달하며 활동을 수행할 수도 있다.

KWL 기법 (Know-Want to know-Learned): 새 학습 주제를 예습하거나 새로 배운 지식을 정리할 때 활용되는 그래픽 오거나이저다. '알고 있는 것(Know)', '알고 싶은 것(Want to know)', '알게 된 것(Learned)'의 3단으로 구성된 표 형태가 일반적이며, 학생들은 학습 전후나 학습과정 중에 이 표를 채워 나간다(Ogle, 1986)

OX 삼목 게임 (Zeros and X's): 종래의 삼목 게임(tic-tac-toe)을 응용하여 1~9의 숫자가 적힌 정사각형 격자에 학생이 O 또는 X로 답을 기록하는 방식의 학습전략이다. 아홉 개의 정사각형 칸은 아홉 가지 질문과 짝을 이룬다. 교사가 질문을 던져서 학생들이 정답을 맞히면 O를 표시하고 오답의 경우 X를 표시한다. 이 복습 게임의 목표는 수직이나 수평, 대각선 중 한 방향으로 일렬로 세 개의 O를 획득하는 것이다. 일정한 시점이 되면 학생들 누구나 성공을 맛볼 수 있도록 교사가 질문을 적절히 배치해야 한다(Hughes & Vass, 2001).

Abernathy, R., & Reardon, M. (2003). *Hot tips for teachers: 30+ steps to student engagement.* Tucson, AZ: Zephyr Press.

Beecher, M. (1995). *Developing the gifts and talents of all students in the regular classroom.* Mansfield Center, CT: Creative Learning Press.

Bellanca, J. (1990). *The cooperative think tank: Graphic organizers to teach thinking in the cooperative classroom.* Thousand Oaks, CA: Corwin Press.

Bellanca, J. (1992). *The cooperative think tank II: Graphic organizers to teach thinking in the cooperative classroom.* Thousand Oaks, CA: Corwin Press.

Bennett, B., & Rolheiser, C. (2001). *Beyond Monet: The artful science of instructional integration.* Toronto, Canada: Bookation.

Buehl, D. (2001). *Classroom strategies for interactive learning.* Newark, DE: International Reading Association.

Campbell, L. (2003). *Mindful learning: 101 proven strategies for student and teacher success.* Thousand Oaks, CA: Corwin Press.

Guillaume, A., Yopp, R., & Yopp, H. (2007). *50 strategies for active teaching.* Prentice Hall, NJ: Pearson Merrill.

Herrell, A., & Jordan, M. (2007). *35 management strategies.* Prentice Hall, NJ: Pearson Merrill.

Hughes, M., & Vass, A. (2001). *Strategies for closing the learning gap.* Stafford, Great Britain: Network Educational Press Ltd.

Jensen, E. (1998a). *Introduction to brain-compatible learning.* Thousand Oaks, CA: Corwin Press.

Jensen, E. (1998b). *Super teaching.* Thousand Oaks, CA: Corwin Press.

Kagan, S., & Kagan, M. (1998). *Multiple intelligences: The complete MI book*. San Clemente, CA: Kagan Cooperative Learning.

Lipton, L., & Wellman, B. (1999). *Pathways to understanding: Patterns and practice in the learning-focused classroom* (2nd ed.). Guilford, VA: Pathways Publishing.

Marzano, R., Pickering, D., & Pollock, J. (2001). *Classroom instruction that works: Research-based strategies for increasing student achievement. Alexandria,* VA: Association for Supervision and Curriculum Development.

Obenchain, K., & Morris, R. (2007). *50 social studies strategies for K.8 classrooms* (2nd ed.). Prentice Hall, NJ: Pearson Merrill.

Rogers, S., & Graham, S. (1997). *The high performance toolbox.* Evergreen, CO: Peak Learning System.

Rogers, S., Ludington, J., & Graham, S. (1998). *Motivation and learning.* Evergreen, CO: Peak Learning Systems.

Saphier, J., & Haley, M. (1993a). *Activators: Activity structures to engage students' thinking before instruction.* Carlisle, MA: Research for Better Teaching.

Saphier, J. & Haley, M. (1993b). *Summarizers: Activity structures to support integration and retention of new learning.* Carlisle, MA: Research for Better Teaching.

Silberman, M. (1996). *Active learning: 101 strategies to teach any subject.* Boston: Allyn & Bacon.

Smokler, D. (2005). *Making learning come alive.* Thousand Oaks, CA: Corwin Press.

Tate, M. (2003). *Worksheets don't grow dendrites.* Thousand Oaks, CA: Corwin Press.

Wiggins, G., & McTighe, J. (1998). *Understanding by design.* Alexandria, VA: Association for Supervision and Curriculum Development.

Wood, K. (1994). *Practical strategies for improving instruction.* Columbus, OH: National Middle School Association.

Zemelman, S., Daniels, H., & Hyde, A. (1998). *Best practice: New standards for teaching and learning in America's schools* (2nd ed.). Portsmouth, NH: Heinemann Publishing.

Abernathy, R., & Reardon, M. (2003). *Hot tips for teachers: 30+ steps to student engagement.* Tucson, AZ: Zephyr Press.

American Academy of Child and Adolescent Psychiatry. (2001, June). Normal adolescent development part I. *Facts for Families* (No. 57). Retrieved September 27, 2005, from www.aacap.org/publications/factsfam/develop.htm

American Academy of Neurology. (2004, April 28). Language 'center' of brain shifts with age. *ScienceDaily.* Retrieved March 14, 2007, from http://www.sciencedaily.com/releases/2004/04/040428062634.htm (Adapted from a news release issued by American Academy of Neurology)

Angelo, T. A., & Cross, K. P. (1993). *Classroom assessment techniques: A handbook for college teachers* (2nd ed.). San Francisco, CA: Jossey Bass.

Armstrong, T. (2000). *Multiple intelligences in the classroom* (2nd. ed.). Alexandria, VA: Association for Supervision and Curriculum Development.

Aronson, E., Blaney, N., Stephin, C., Sikes, J., & Snapp, M. (1978). *The jigsaw classroom.* Thousand Oaks, CA: Sage Publications.

Ball, Sir Christopher. (2001, February). *OECD report on second high forum on brain mechanisms and youth learning.* Granada, Spain: Organisation for Economic Co-operation and Development.

Begley, S. (2000, February 28). Getting inside a teen brain. *Newsweek, 135*(9), 58-69.

Bennett, B., & Rolheiser, C. (2001). *Beyond Monet: The artful science of instructional integration.* Toronto, Ontario: Bookation.

Bransford, J., Brown, A., & Cocking, R. (Eds). (2000). *How people learn: Brain, mind, experience, and school* (Expanded ed.). Washington, DC: National Academy Press.

Briggs, K. C., & Myers, I. B. (1977). *Myers-Briggs type indicator.* Palo Alto, CA: Consulting Psychologists Press.

Brooks, J., & Brooks, M. (1993). *The case for constructivist classrooms.* Alexandria, VA: Association for Supervision and Curriculum Development.

Bruner, J. (1966). *Toward a theory of instruction.* Cambridge, MA: Harvard University Press.

Bruner, J. S., Goodnow, J. J., & Austin, G. A. (1986). *A study of thinking.* New Brunswick, NJ: Transaction Press.

Buehl, D. (2001). *Classroom strategies for interactive learning.* Newark, DE: International Reading Association.

Bulla, D. (2000), *Loops for learning: Memory boosters across the curriculum.* Tucson, AZ: Zephyr Press.

Caine, R., & Caine, G. (1994). *Making connections: Teaching and the human brain.* Reading, MA: Addison-Wesley Publishing.

Caine, R., & Caine, G. (1997). *Education on the edge of possibility.* Alexandria, VA: Association for Supervision and Curriculum Development.

Costa, A. (1995). *Teaching for intelligent behavior: Outstanding strategies for strengthening your students' thinking skills.* Bellevue, WA: Bureau of Education and Research.

Daniels, H., Bizar, M., & Zemelman, S. (2001). *Rethinking high school.* Portsmouth, NH: Heinemann Press.

Davis, A. (2000). *Making classroom assessment work.* Courtenay, BC, Canada: Connections Publishing.

Davis, J. (2004, April 15). Math heads: How do they do it? *Web*MD. Retrieved October 17, 2005, from http://my.webmd.com/content/Article/85/98705.htm

de Bono, E. (1985). *Six thinking hats.* Toronto, Ontario: Little, Brown & Company.

de Bono, E. (1986). *CoRT Thinking.* Toronto, Ontario: Little, Brown and Company.

de Bono, E. (1992). *Serious creativity: Using the power of lateral thinking to create new ideas.* New York: Harper Business.

Delisle, R. (1997). *How to use problem-based learning in the classroom.* Alexandria, VA: Association for Supervision and Curriculum Development.

DeVries, D., & Edwards, K. (1973). Learning games and student teams: Their effect on classroom process. *American Research Journal, 10,* 307-318.

Dunn, R., & Dunn, K. (1993). *Teaching secondary students through their individual learning styles.* Boston: Allyn & Bacon.

Ekwall, E. & Shanker, J. L. (1988). *Diagnosis and remediation of the disabled reader, 3rd Ed.* Boston, MA: Allyn & Bacon.

Erlauer, L. (2003). *The brain-compatible classroom: Using what we know about learning to improve teaching.* Alexandria, VA: Association for Supervision and Curriculum Development.

Ernest, P. (1995). The one and the many. In L. Steffe & J. Gale (Eds.), *Constructivism in education,* 459.486. Hillsdale, NJ: Lawrence Erlbaum.

Fanning, D. (Executive Producer). (2002, January 31) *Frontline: Inside the teenage brain* [Television broadcast]. Boston: Public Broadcasting Service. Retrieved September 21, 2005, from http://www.pbs.org/wgbh/pages/frontline/shows/teenbrain/

Feuerstein, R. (1980). *Instrumental enrichment: An intervention program for cognitive modifiability.* Glenview, IL: Scott Foresman and Company.

Fick, S., & Shilts, E. (2006, January/February). This is your brain on music. *Canadian Geographic, 126,* 34-35.

Frieden, J. (2000, August 21). Teen sleep deprivation a serious problem. *WebMD.* Retrieved October 10, 2005, from http://my.webmd.com/content/Article/27/1728_60579.htm

Fogarty, R. (1997). *Brain-compatible classrooms.* Thousand Oaks, CA: Corwin Press.

Fogarty, R. (1998). Intelligence-friendly classrooms: It just makes sense. *Phi Delta Kappan, 79*(9), 655-657.

Gabriel, J. (2001, June). More than just physical: PE and cognitive performance. *BrainConnection.com*. Retrieved April 25, 2004, from www.brainconnection.com/content/13_1

Gardner, H. (1983). *Frames of mind: The theory of multiple intelligences*. New York: Bantam Books.

Gillis, J. (2005, December 28). Anti-drug program in schools questioned. *The Chronicle Herald*, p. B2.

Gladwell, M. (2000). *The tipping point: How little things can make a big difference*. New York: Little, Brown & Company.

Goleman, D. (1995). *Emotional intelligence: Why it can matter more than IQ*. New York: Bantam Books.

Gregorc, A. (1979). Learning/teaching styles: Their nature and effects. *In Student learning styles: diagnosing and prescribing programs* (pp. 19-26). Reston, VA: National Association of Secondary School Principals.

Guillaume, A., Yopp, R., & Yopp, H. (2007). *50 strategies for active teaching*. Prentice Hall, NJ: Pearson Merrill.

Hanson, J. R., & Silver, H. F. (1998). *Learning styles and strategies:Who am I as a learner? teacher? what are my assets? liabilities? how can I work more effectively with students? teachers? parents? administrators?Woodbridge,* NJ: Thoughtful Education Press.

Hart, L. (1998). *Human brain and human learning*. Kent, WA: Books for Educators.

Healy, J. (1994). *Your child's growing mind*. New York: Bantam Doubleday Books.

Herber, H. (1978). *Teaching reading in content areas* (2nd ed.). Englewood Cliffs, NJ: Prentice-Hall.

Huebner, A. (2000). *Adolescent growth and development* (Publication No. 350-850). Retrieved September 27, 2005, from Virginia State University, Virginia Cooperative Extension Web site: http://www.ext. vt.edu/pubs/family/350-850/350-850.html

Hughes, M. (1999). *Closing the learning gap*. Stafford, Great Britain: Network Educational Press Ltd.

Hughes, M., & Vass, A. (2001). *Strategies for closing the learning gap*. Stafford, Great Britain: Network Educational Press Ltd.

Jensen, E. (1995). *The learning brain*. San Diego, CA: The Brain Store.

Jensen, E. (1996). *Completing the puzzle: The brain-compatible approach to learning*. Thousand Oaks, CA: Corwin Press.

Jensen, E. (1998a). *Introduction to brain-compatible learning*. Thousand Oaks, CA: Corwin Press.

Jensen, E. (1998b). *Super teaching*. Thousand Oaks, CA: Corwin Press.

Jensen, E. (1998c). *Teaching with the brain in mind*. Alexandria, VA: Association for Supervision and Curriculum Development.

Jensen, E. & Dabney, M. (2000). *Learning smarter: The new science of teaching*. Thousand Oaks, CA: Corwin Press.

Jonassen, D. (1991). Evaluating constructivist learning. *Educational Technology, 36*(9), 28-33.

Jonassen, D. (1994). Thinking technology. *Educational Technology, 34*(4), 34-37.

Kagan, S. (1994). *Cooperative learning*. San Clemente, CA: Kagan Cooperative Learning.

Kaufeldt, M. (1999). *Begin with the brain: Orchestrating the learner-centered classroom.* Tucson, AZ: Zephyr Press.

Kotulak, R. (2004, March). Exercise for the body is food for brain, study says. *Brain in the News, 11(3),* 7. (Reprinted from The Chicago Tribune, p. C1, 2004, March 17).

Kovalik, S. (1994). *ITI, the model: Integrated thematic instruction.* Kent, WA: Books for Educators.

Lewin, L., & Shoemaker, B. J. (1998). *Great performances: Creating classroom-based assessment task.* Alexandria, VA: Association for Supervision and Curriculum Development.

Marzano, R. (1998). *A theory-based meta-analysis of research on instruction.* Aurora, CO: Mid-continent Research for Education and Learning.

Marzano, R., Pickering, D., & Pollock, J. (2001). *Classroom instruction that works: Research-based strategies for increasing student achievement.* Alexandria, VA: Association for Supervision and Curriculum Development.

McCarthy, B. (1980). *The 4MAT system: Teaching to learning styles with right or left mode techniques.* Barrington, IL: Excel.

McPhee, D. (1996). *Limitless learning: Making powerful learning an everyday event.* Tucson, AZ: Zephyr Press.

MedlinePlus. (2007, February 14). Adolescent development. Retrieved March 21, 2007, from http://www.nlm.nih.gov/medlineplus/ency/article/002003.htm

National Institute of Mental Health. (2001). Teenage brain: A work in progress (NIH Publication No. 01.4929). Retrieved September 28, 2005, from www.nimh.nih.gov/publicat/teenbrain.cfm

Nova Scotia Department of Education (1999). *Secondary science: A teaching resource.* Nova Scotia: English Program Services.

Organisation for Economic Co-operation and Development. (2004, November). *OECD Summary report on Emotions, Learning and Education.* Copenhagen, Denmark: Author.

Organisation for Economic Co-operation and Development. (2004, December). *OECD Full Report on Emotions & Learning & Education: Brain & Learning Workshop.* Copenhagen, Denmark: Author.

Ogle, D. S. (1986). *K-W-L instructional strategy in teaching reading as thinking.* Alexandria, VA: Association for Supervision and Curriculum Development.

Parry, T., & Gregory, G. (1998). *Designing brain-compatible learning.* Thousands Oaks, CA: Corwin Press.

Patoine, B. (2005, July/August). Peering into the brain. *BrainWork, 15(4),* 1-3.

Perkins, D. N. (1986). *Knowledge as design.* Hillsdale, NJ: Lawrence Erlbaum.

Piaget, J. (1952). *The origins of intelligence in children* (M. Cook, Trans.). New York: International Universities Press.

Radford, T. (2004, December 22). Why only dancers can do a mental pirouette. *Brain in the News,* 11(12), 1-3. (Reprinted from *The London Guardian,* p. 10, 2004, December 22)

Redenbach, S. (1984). *Color me human through true colors: Learning/personality styles to predict and understand human behavior.* Davis, CA: Esteem Seminar Programs.

Rothman, A. (2000, June 2). Alcohol damages the teen-age brain. *WebMD.* Retrieved March 21, 2007, from http://my.webmd.com/content/Article/25/1728_58212.htm

Saphier, J., & Haley, M. (1993). *Summarizers: Activity structures to support integration and retention of new learning.* Carlisle, MA: Research for Better Teaching.

Southwest Educational Developmental Laboratory. (2000). How can research on the brain inform education? *Classroom Compass, 3*(2). Retrieved March 21, 2007, from www.sedl.org/scimath/compass/v03n02/1.html

Sharan, Y., & Sharan, S. (1992). *Expanding cooperative learning through group investi*gations. New York: Teachers College Press.

Smith, A. (2002). *The brain's behind it.* Stafford, Great Britain: Network Educational Press Ltd.

Sokoloff, H. (2005, May). Stress Harms Children's Memories: Montreal Study. *Brain in the News, 12*(5), 3. (Reprinted from National Post (Canada), p. A8, 2005, May 14)

Sousa, D. (2006). *How the brain learns* (3rd ed.). Thousand Oaks, CA: Corwin Press.

Sousa, D. (1999, February). *Brain research and student learning: New insights for educators.* Address presented at a workshop for National School Conference Institute. Phoenix, AZ: Author.

Sprenger, M. (1999). *Learning & memory: The brain in action.* Alexandria, VA: Association for Supervision and Curriculum Development.

Sternberg, R. (1985). *Beyond IQ: A triarchic theory of human intelligence.* New York: Cambridge University Press.

Strauch, B. (2003). *The primal teen: What the new discoveries about the teenage brain tell us about our kids.* New York: Anchor Books.

Sylwester, R. (1995). *A celebration of neurons: An educator's guide to the human brain.* Alexandria, VA: Association for Supervision and Curriculum Development.

Sylwester, R. (2003). *The developing adolescent brain: A complete audio workshop* [CD]. San Diego, CA: The Brain Store.

Taba, H. (1967). *Teachers' handbook for elementary social studies. Reading,* MA: Addison-Wesley.

Talukder, G. (2000, July). Decision-making is still a work in progress for teenagers. *BrainConnection.com.* Retrieved September 23, 2005, from www.brainconnection.com/topics/?main=news-in-rev/teen-frontal

Teen angst rooted in brain [Electronic version]. (2002, October 19). *NewScientist, 2365.* Retrieved March 14, 2007, from http://www.newscientist.com/article/dn2925-teen-angst-rooted-in-busy-brain.html

Torp, L., & Sage, S. (1998). *Problems as possibilities.* Alexandra, VA: Association for Supervision and Curriculum Development.

University of California, Irvine. (2004, July 20). Human intelligence determined by volume and location of gray matter tissue in brain. *ScienceDaily.* Retrieved March 14, 2007, from http://www.sciencedaily.com/releases/2004/07/040720090419.htm (Adapted from a news release issued by University of

California, Irvine)

University of Cincinnati. (2005, October 10). Shift in brain's language-control site offers rehab hope; language center site becomes more lateralized with age. *ScienceDaily.* Retrieved December 23, 2005, from *http://www.sciencedaily.com/releases/2005/10/051007091742.htm* (Adapted from a news release issued by University of Cincinnati)

Vedantam, S. (2001, June 3). Are teens just wired that way? *Washington Post,* p. A01. Retrieved September 26, 2005, from www.washingtonpost.com

Verner, K. (2001). Making connections in the classroom: Brain-based learning. *Basic Education, 45*(8), 3-7.

von Glasersfeld, E. (1995). A constructivist approach to teaching. In L. P. Steffe &J. E. Gale (Eds.), *Constructivism in education,* 3-16. Hillsdale, NJ: Lawrence Erlbaum.

Vygotsky, L. S. (1978). *Mind in society: The development of higher psychological processes.* Cambridge, MA: Harvard University Press.

Wallis, C. (2004, May 10). What makes teens tick? *Time Magazine,* 42-49.

Wiggins, G., & McTighe, J. (1998). *Understanding by design.* Alexandria, VA: Association for Supervision and Curriculum Development.

Williamson, E. (2005, February 1). Brain immaturity can be deadly. *MSNBC.* Retrieved March 21, 2007, from http://www.infowars.com/articles/science/brain_immaturity_can_be_deadly.htm

Wolfe, P. (2001). *Brain matters: Translating research into classroom practice.* Alexandria, VA: Association for Supervision and Curriculum Development.

Wolfe, P., & Brandt, R. (1998, November). What do we know from brain research? *Educational Leadership, 56*(3), 8-13.

10대를 몰입시키는

뇌기반 수업원리 10

2013년 5월 31일 초판 발행
2020년 5월 31일 번역개정판 1쇄 발행

지은이 배리 코빈
옮긴이 이찬승·김은영

펴낸이 이찬승
펴낸곳 교육을바꾸는책

출판등록 2012년 4월 10일 | 제313-2012-114호
주소 서울시 마포구 동교로 18길 20 자운빌딩 3층

홈페이지 http://21erick.org
이메일 gyobasa@21erick.org
포스트 post.naver.com/gyobasa_edu

내용문의 02-320-3634
구입문의 02-320-3600
전화 02-320-3600
팩스 02-320-3608

ISBN 978-89-97724-05-5 93370

이 도서의 국립중앙도서관 출판시도서목록(CIP)은 서지정보유통지원시스템 홈페이지(http://seoji.nl.go.kr)와
국가자료공동목록시스템(http://www.nl.go.kr/kolisnet)에서 이용하실 수 있습니다.
(CIP제어번호: CIP2020021370)